COMUNICAÇÃO EMPRESARIAL

O GEN | Grupo Editorial Nacional, a maior plataforma editorial no segmento CTP (científico, técnico e profissional), publica nas áreas de saúde, ciências exatas, jurídicas, sociais aplicadas, humanas e de concursos, além de prover serviços direcionados a educação, capacitação médica continuada e preparação para concursos. Conheça nosso catálogo, composto por mais de cinco mil obras e três mil e-books, em www.grupogen.com.br.

As editoras que integram o GEN, respeitadas no mercado editorial, construíram catálogos inigualáveis, com obras decisivas na formação acadêmica e no aperfeiçoamento de várias gerações de profissionais e de estudantes de Administração, Direito, Engenharia, Enfermagem, Fisioterapia, Medicina, Odontologia, Educação Física e muitas outras ciências, tendo se tornado sinônimo de seriedade e respeito.

Nossa missão é prover o melhor conteúdo científico e distribuí-lo de maneira flexível e conveniente, a preços justos, gerando benefícios e servindo a autores, docentes, livreiros, funcionários, colaboradores e acionistas.

Nosso comportamento ético incondicional e nossa responsabilidade social e ambiental são reforçados pela natureza educacional de nossa atividade, sem comprometer o crescimento contínuo e a rentabilidade do grupo.

Patricia Itala Ferreira
Gustavo Malheiros

COMUNICAÇÃO EMPRESARIAL

Planejamento, aplicação e resultados

Os autores e a editora empenharam-se para citar adequadamente e dar o devido crédito a todos os detentores dos direitos autorais de qualquer material utilizado neste livro, dispondo-se a possíveis acertos caso, inadvertidamente, a identificação de algum deles tenha sido omitida.

Não é responsabilidade da editora nem dos autores a ocorrência de eventuais perdas ou danos a pessoas ou bens que tenham origem no uso desta publicação.

Apesar dos melhores esforços dos autores, do editor e dos revisores, é inevitável que surjam erros no texto.
Assim, são bem-vindas as comunicações de usuários sobre correções ou sugestões referentes ao conteúdo ou ao nível pedagógico que auxiliem o aprimoramento de edições futuras.
Os comentários dos leitores podem ser encaminhados à **Editora Atlas S.A.** pelo e-mail editorialcsa@grupogen.com.br.

Direitos exclusivos para a língua portuguesa
Copyright © 2016 by
Editora Atlas S.A.
Uma editora integrante do GEN | Grupo Editorial Nacional

Reservados todos os direitos. É proibida a duplicação ou reprodução deste volume, no todo ou em parte, sob quaisquer formas ou por quaisquer meios (eletrônico, mecânico, gravação, fotocópia, distribuição na internet ou outros), sem permissão expressa da editora.

Rua Conselheiro Nébias, 1384
Campos Elísios, São Paulo, SP – CEP 01203-904
Tels.: 21-3543-0770/11-5080-0770
editorialcsa@grupogen.com.br
www.grupogen.com.br

Designer de capa: MSDE | MANU SANTOS Design

Editoração Eletrônica: Set-up Time Artes Gráficas

CIP-BRASIL. CATALOGAÇÃO NA PUBLICAÇÃO
SINDICATO NACIONAL DOS EDITORES DE LIVROS, RJ

F443c

Ferreira, Patricia Itala
  Comunicação empresarial: planejamento, aplicação e resultados / Patricia Itala Ferreira, Gustavo Malheiros. São Paulo: Atlas, 2016.
  240 p.

  Inclui bibliografia.
  ISBN 978-85-970-0660-5

  1. Comunicação empresarial. 2. Administração de empresas. 3. Planejamento estratégico. I. Malheiros, Gustavo. II. Título.

16-32621

CDD:650.13
CDU:005.96

Aos meus pais, por tudo;
Ao meu irmão, por existir;
A todos da minha família, pela torcida e pelo apoio;
Ao querido Pitty, fiel companheiro em todas as horas;
Aos amigos, pelo apoio e carinho.

Patricia Itala Ferreira

À minha mãe, Helen Taranto, e ao meu irmão Bruno Malheiros, que, nos momentos difíceis, abdicaram de suas vidas para zelar pela minha;

Ao meu irmão Rafael Malheiros, que, mesmo a distância, me ensina a cada dia a importância dos estudos na construção de uma sociedade mais justa;

Ao amigo e professor Marcelo Andrade, por ter mudado definitiva e irreversivelmente o modo como vejo as pessoas e a educação.

Gustavo Malheiros

Material Suplementar

Este livro conta com materiais suplementares.

O acesso é gratuito, bastando que o leitor se cadastre em http://gen-io.grupogen.com.br.

GEN-IO (GEN | Informação Online) é o repositório de materiais suplementares e de serviços relacionados com livros publicados pelo GEN | Grupo Editorial Nacional, maior conglomerado brasileiro de editoras do ramo científico-técnico-profissional, composto por Guanabara Koogan, Santos, Roca, AC Farmacêutica, Forense, Método, Atlas, LTC, E.P.U. e Forense Universitária. Os materiais suplementares ficam disponíveis para acesso durante a vigência das edições atuais dos livros a que eles correspondem.

SUMÁRIO

Introdução, 1

1 **Linguagem e comunicação**, 5
    1.1 Linguagem, 6
    1.2 O que é comunicação?, 12
    1.3 O processo de comunicação, 16
    1.4 As barreiras do processo de comunicação, 19
    Resumo executivo, 24
    Teste seu conhecimento, 25

2 **Fundamentos e histórico da comunicação empresarial**, 27
    2.1 Conceituando a comunicação empresarial, 28
    2.2 Histórico da comunicação empresarial, 29
    Resumo executivo, 31
    Teste seu conhecimento, 32

3 **Comunicação e cultura organizacional**, 35
    3.1 Cultura organizacional e comunicação, 36
    3.2 Cultura e clima organizacional, 47
    Resumo executivo, 48
    Teste seu conhecimento, 49

4 Comunicações interna e externa, 51
4.1 As comunicações de uma organização, 52
4.2 Comunicação interna, 55
    4.2.1 Planejando a comunicação interna, 55
    4.2.2 Comunicação interna: como fazer?, 60
    4.2.3 Cuidados na comunicação interna, 65
4.3 Comunicação externa, 67
    4.3.1 Planejando a comunicação externa, 69
    4.3.2 Comunicação externa: como fazer?, 73
4.4 Comunicação e credibilidade, 77
4.5 Construindo credibilidade, 78
Resumo executivo, 79
Teste seu conhecimento, 80

5 Comunicação na era digital, 81
5.1 A era digital, 82
5.2 Tecnologia digital e comunicação empresarial, 84
    5.2.1 Tecnologias digitais e comunicação interna, 85
    5.2.2 Tecnologias digitais e comunicação externa, 86
5.3 Mídias sociais e comunicação empresarial, 87
5.4 Velocidade da comunicação na era digital, 88
5.5 Era digital, trabalho e disponibilidade, 92
Resumo executivo, 94
Teste seu conhecimento, 95

6 Comunicação, liderança e processo decisório, 97
6.1 Liderança: principais conceitos e teorias, 98
    6.1.1 Teoria dos traços, 99
    6.1.2 Teorias comportamentais, 100
        6.1.2.1 Estudos da Ohio State University, 101
        6.1.2.2 Estudos da Michigan University, 101
        6.1.2.3 Grid Gerencial, 102
    6.1.3 Teorias contingenciais, 103
        6.1.3.1 Teoria situacional de Hersey e Blanchard, 103
        6.1.3.2 Teoria caminho-objetivo, 104
6.2 Liderança, comunicação e tomada de decisão, 105

6.3   Liderança e resolução de conflitos, 111
Resumo executivo, 116
Teste seu conhecimento, 116

7   Gestão da imagem e das relações interpessoais no contexto profissional, 119
7.1   Gestão da imagem pessoal, 120
7.2   Forças e Fraquezas, Ameaças e Oportunidades: avaliação pessoal, 127
Resumo executivo, 130
Teste seu conhecimento, 130

8   O gerenciamento da produção e recepção de textos orais e escritos, 133
8.1   A produção de textos orais e escritos e seu planejamento nas organizações, 134
8.2   A recepção de textos orais e escritos, 136
8.3   O gerenciamento da produção e da recepção de textos, 138
    8.3.1   Conceito de gerenciamento e gestão, 138
    8.3.2   O gerenciamento de textos, 139
Resumo executivo, 140
Teste seu conhecimento, 141

9   O planejamento de currículos, cartas empresariais, relatórios e comunicações diversas, 143
9.1   Currículo e o processo seletivo, 143
    9.1.1   Currículo, 143
    9.1.2   O processo seletivo, 147
        9.1.2.1   Provas de conhecimentos gerais ou específicos, 149
        9.1.2.2   Testes psicológicos, 149
        9.1.2.3   Simulações ou dinâmicas de grupo, 150
        9.1.2.4   Entrevista, 152
9.2   Cartas empresariais, relatórios e comunicações diversas, 154
    9.2.1   Cartas empresariais, 154
    9.2.2   Atas, 157

9.2.3   *E-mail*, 159
Resumo executivo, 163
Teste seu conhecimento, 164

10 O planejamento de apresentações orais e da fala em contextos empresariais, 165
10.1 Como falar em público?, 166
10.2 Sete passos para realizar uma boa apresentação, 170
10.3 Dicas para a realização de uma boa apresentação, 184
Resumo executivo, 186
Teste seu conhecimento, 187

11 Comunicação e inteligência empresarial, 189
Resumo executivo, 200
Teste seu conhecimento, 201

Apêndice 1 – Modelos de Currículo, 203

Apêndice 2 – Teste seu Conhecimento: gabarito, 207

Referências, 225

INTRODUÇÃO

Este livro é composto de onze capítulos que mesclam teoria e prática sobre a comunicação no âmbito das organizações. Dessa forma, seu planejamento instrucional visa possibilitar que o leitor entenda a teoria e suas aplicações, e que seja capaz de adaptar os conceitos à sua prática.

Antes de ser uma revisão bibliográfica exaustiva, objetivou-se fornecer subsídios para a compreensão e a aplicação dos princípios e das ferramentas aqui abordados.

O Capítulo 1, **Linguagem e comunicação**, evidencia como todas as relações humanas se constroem a partir da comunicação.

No Capítulo 2, **Fundamentos e histórico da comunicação empresarial**, são detalhados o significado da comunicação empresarial e seu histórico.

O Capítulo 3, **Comunicação e cultura organizacional**, apresenta o conceito de cultura organizacional e detalha a relação entre comunicação e cultura, explicando as formas de comunicação específicas que cada organização desenvolve ao longo do tempo em virtude de seus aspectos culturais.

O Capítulo 4, **Comunicações interna e externa**, mostra como se dá a comunicação com os diversos parceiros de uma organização, sejam eles internos (empregados e gestores) ou externos (governo, sociedade, imprensa, entre outros).

No Capítulo 5, **Comunicação na era digital**, discute-se como as tecnologias digitais modificaram a comunicação, apresentando questões relacionadas à utilização dos aparatos tecnológicos no processo comunicacional.

No Capítulo 6, **Comunicação, liderança e processo decisório**, abordam-se as principais teorias de liderança e suas influências no processo de comunicação organizacional.

No Capítulo 7, **Gestão da imagem e das relações interpessoais no contexto profissional**, abordam-se conceitos como *networking*, além de serem oferecidas valiosas dicas sobre como construir uma imagem pessoal condizente com nossos objetivos e anseios.

No Capítulo 8, **O gerenciamento da produção e recepção de textos orais e escritos**, são detalhados os processos de produção de textos, sejam eles orais ou escritos, e a importância de haver um adequado gerenciamento desses processos nas organizações.

O Capítulo 9, **O planejamento de currículos, cartas empresariais, relatórios e comunicações diversas**, apresenta dicas interessantes que irão ajudá-lo na elaboração de documentos empresariais diversos. Além disso, explica-se o que é netiqueta e sua importância nas comunicações hoje em dia.

No Capítulo 10, **O planejamento de apresentações orais e da fala em contextos empresariais**, explica-se por que é tão difícil falar em público, e é oferecido um guia que irá facilitar a vida de qualquer pessoa que precise preparar uma apresentação.

No Capítulo 11, **Comunicação e inteligência empresarial**, é apresentada a comunicação como um dos pilares para a produção e a gestão da inteligência empresarial nas organizações, detalhando os conceitos de inteligência e inteligência empresarial.

A fim de permitir ao leitor a articulação da teoria à prática, ao longo dos capítulos disponibilizamos exercícios, que podem ser divididos em quatro categorias, a saber:

- **Exercícios de Aplicação**: são exercícios distribuídos ao longo dos capítulos que permitem que o leitor aplique os conhecimentos à sua prática de trabalho atual. Caso o leitor não trabalhe, deve procurar identificar essas informações com familiares, amigos ou revistas especializadas.
- **Para Pensar**: são questionamentos e reflexões para pensar ou repensar práticas vivenciadas ou observadas pelo leitor.
- **Estudo de Caso**: relata a história de Carlos Augusto, dono e principal gestor da PIMISOL, uma pequena empresa que atua no ramo de alimentação industrial e que possui mais de 30 anos de mercado. Carlos tem planos de crescimento audaciosos para a PIMISOL, contudo, para tanto, precisa profissionalizar a gestão, incluindo as atividades de comunicação empresarial. O estudo de caso apresenta os desafios com os quais Carlos se depara e convida o leitor a ajudar nosso personagem na realização de tarefas ligadas ao conteúdo dos capítulos.
- **Teste seu Conhecimento**: são exercícios de fixação disponibilizados no final dos capítulos para ajudá-lo na interiorização dos conceitos apresentados. As respostas dos exercícios de fixação seguem ao final do livro.

Ao longo dos capítulos existe também a seção **Vale Saber**, à qual são agregados informações interessantes, curiosidades, exemplos ou atualidades relacionados aos temas tratados nos capítulos.

O leitor conta ainda com os **Resumos Executivos** ao final de cada capítulo para auxiliar na fixação dos principais conteúdos abordados.

Ao final da obra o leitor encontrará as **Referências**, nas quais poderá identificar nossas fontes de pesquisa, as obras relacionadas aos temas desenvolvidos neste livro, e também os **Apêndices**, bem como as respostas dos exercícios de fixação (**Teste seu Conhecimento**) que seguem ao final dos capítulos.

Serão também disponibilizados arquivos eletrônicos com modelos de currículo, plano de apresentação e atas.

LINGUAGEM E COMUNICAÇÃO

Esperamos que, ao término deste capítulo, você seja capaz de:

- Identificar as diversas manifestações da linguagem, reconhecendo sua importância para o processo comunicativo;
- Reconhecer a história e a importância da comunicação;
- Descrever as principais barreiras do processo de comunicação e citar possibilidades para contorná-las.

Como é por dentro outra pessoa

Como é por dentro outra pessoa
Quem é que o saberá sonhar?
A alma de outrem é outro universo
Com que não há comunicação possível,
Com que não há verdadeiro entendimento.
Nada sabemos da alma
Senão da nossa;
As dos outros são olhares,
São gestos, são palavras,
Com a suposição de qualquer semelhança
No fundo.

Fernando Pessoa (1888-1935)

Fernando Pessoa, como muitos outros poetas, escreveu bastante sobre as relações humanas. Sem medo de errar, podemos dizer que essas relações se constroem a partir da comunicação que se estabelece entre as pessoas, e, por esse motivo, optamos por começar este livro com esse texto, que nos ajuda a pensar a comunicação como uma forma de ver "como é por dentro outra pessoa".

Com base nesse poema, reflita:

- Qual a importância da comunicação em nossas vidas?
- Por que Pessoa afirma que a alma de outrem é outro universo?
- Você acredita que a comunicação pode ajudar a desvelar olhares, gestos e palavras?

Nossa ideia no início deste livro é que você pense sobre a importância da comunicação nas relações humanas.

1.1 Linguagem

Linguagem: a música com a qual encantamos as serpentes que guardam os tesouros dos outros.

Ambrose Bierce (1842-1914)

Não é possível começar a discutir comunicação empresarial, ou mesmo comunicação de um modo mais genérico, sem abordar a questão da linguagem que sustenta esse processo. Vamos então conhecer um pouco mais sobre a linguagem para, em seguida, aprofundarmo-nos no processo de comunicação. Ao término do capítulo apresentaremos as principais barreiras desse processo.

Alguns conceitos sobre linguagem

Sacconi (2008, p. 12) esclarece que "linguagem é a faculdade que possui o homem de poder expressar seus pensamentos, sentimentos, experiências etc.". Essa definição é interessante para começarmos a entender que a linguagem compreende qualquer meio minimamente organizado que permita que uma pessoa se comunique com outra. Com isso, queremos dizer que a linguagem está diretamente relacionada aos fenômenos comunicativos: onde há comunicação, há algum tipo de linguagem.

Ora, quando falamos que a linguagem é o elemento básico da comunicação, certamente não estamos nos restringindo às linguagens verbal ou escrita. Ela pode se manifestar de diversas outras formas. Vejamos algumas:

- Fala;
- Escrita;
- Mímica;
- Toques;
- Sinais;
- Gestos;
- Placas de trânsito;
- Expressões faciais;
- Figuras;
- Etc.

São muitas as formas pelas quais a linguagem se manifesta nas nossas vidas, mas, para haver comunicação, um aspecto é fundamental: que os indivíduos a compartilhem. Vamos tentar explicar isso de outra forma a partir da imagem que segue.

Figura 1.1 Placa de trânsito

Se você ainda não viajou para a Europa, muito provavelmente não conhece o significado dessa placa de trânsito. Então imagine que você está dirigindo e se depara com ela... O que você faz?

Possivelmente, você a despreza e continua seu trajeto, já que o seu significado é desconhecido; algumas pessoas nem sequer a reconheceriam como uma placa de trânsito. Mas, se isso acontecesse e você continuasse seu caminho, o risco de um acidente seria bem grande! Essa placa indica que a rua à frente é contramão e que não é permitido prosseguir, bem diferente da que normalmente vemos no Brasil, na qual uma seta vertical é cortada por uma linha vermelha.

Esse exemplo nos mostra que só é possível haver comunicação quando a linguagem é socializada entre as pessoas, fazendo parte de seu repertório. Se os indivíduos não compartilharem conhecimentos comuns sobre a linguagem, a comunicação não acontecerá!

As manifestações da linguagem

Falamos que a linguagem pode se manifestar de diversas formas nas diferentes situações de nossas vidas. É muito comum que essas manifestações sejam apresentadas de duas formas: verbal e não verbal.

Vale saber

Linguagens verbal e não verbal

Linguagem verbal é aquela que se utiliza de palavras para se realizar, daí o nome *verbal* (*verbo* é uma palavra de origem latina – *verbum* – que significa "palavra"). Normalmente elas são faladas ou escritas.

Linguagem não verbal é aquela que dispensa palavras para se concretizar, utilizando outros meios comunicativos.

Podemos, a partir dessas definições, chegar a algumas conclusões, sistematizadas no quadro a seguir:

Quadro 1.1 Manifestações das linguagens verbal e não verbal

Linguagem verbal	Linguagem não verbal
Texto	Semáforo
Carta	Apito
Diálogo	Dança
Entrevista	Placa de trânsito
Reportagem escrita	Bocejo
Reportagem televisionada	Indicação com as mãos
Bilhete	Gesto

Conseguiu perceber a diferença? Toda vez que utilizamos palavras para nos comunicar, estamos falando em linguagem verbal. Quando a comunicação se realiza sem a necessidade de palavras, falamos em linguagem não verbal.

Mas é importante ressaltar que essas duas formas de expressão da linguagem não são excludentes. Imagine, por exemplo, que você está caminhando e alguém lhe pergunta como chegar a determinada rua. Provavelmente você vai explicar verbalmente e indicar com suas mãos o trajeto que essa pessoa deve fazer. Nesse momento, você está utilizando diferentes manifestações da linguagem para atingir seu objetivo: ajudar alguém a se localizar. Nessas circunstâncias o que vale é se comunicar!

Quando você consegue ajudar alguém a se localizar, você cumpriu a função mais simples da linguagem: a informativa. Mas, além dessa, há muitas outras funções que ela desempenha, conforme nos esclarece Roman Jakobson. Vamos conhecer as principais.

Vale saber

Roman Jakobson (1896-1982)

Um dos maiores linguistas do século XX, elaborou a teoria das funções da linguagem. No livro *Linguística e comunicação* (1974) são apresentados diversos ensaios de Jakobson nos quais são estudadas as estreitas relações entre a linguagem e a comunicação.

Função referencial

Dizemos que a linguagem possui função referencial quando ela está focada no referente, ou seja, no seu assunto. Nesse caso, a linguagem se caracteriza pelo simples fato de alguém informar algo a outro alguém. Vejamos um exemplo:

O cachorro é um animal do grupo dos mamíferos.

Função emotiva

A linguagem possui função emotiva quando seu objetivo é expressar sentimentos e emoções. Nesse caso, a linguagem se caracteriza pela subjetividade, ou seja, pela expressão de algo bastante particular e pessoal. A seguir um exemplo:

Eu não acredito que ela seja uma pessoa honesta!

Função apelativa

A linguagem assume a função apelativa quando se espera uma atitude ou uma decisão de alguém, daí a ideia de que se está "apelando". Ela é bastante utilizada nas mensagens publicitárias, por exemplo. Vejamos um exemplo bastante conhecido:

Quem pede um, pede bis!

Função fática

A função fática da linguagem visa ao estabelecimento e à manutenção de um canal de contato entre as pessoas. Seu objetivo é assegurar que a comunicação inicie e se mantenha pelo tempo necessário. Exemplo:

Ei. Onde você vai? Hein?

Função metalinguística

A função metalinguística da linguagem tenta explicar o que não ficou evidente na comunicação. É como se a linguagem estimulasse a reflexão sobre a própria linguagem. Vejamos um exemplo:

Para onde vamos quando morremos? Não sabemos. Nunca saberemos.

Função poética

Quando a linguagem valoriza a forma pela qual ela é veiculada, dizemos que ela expressa sua função poética. Nesse caso, forma e conteúdo se equivalem em termos de importância, dando-se valor às questões estéticas do processo comunicativo. Como exemplo, trazemos o trecho de um dos poemas mais belos e conhecidos da língua portuguesa.

Amor é fogo que arde sem se ver;
É ferida que dói e não se sente;
É um contentamento descontente;
É dor que desatina sem doer.

Luís de Camões (1524-1580)

Tão importante quanto conhecer as funções da linguagem é saber que ela se apresenta, basicamente, em duas modalidades: a culta e a popular.

Quadro 1.2 Diferenças entre língua culta e popular

Língua	Definição	Utilização
Culta	Tom mais culto, orientado pela linguagem literária.	Rádio; televisão; jornais; revistas; anúncios.
Popular	Mais espontânea, expressiva e dinâmica.	Linguagem do dia a dia (Ex.: *tô meio neurado*).

Exercício de aplicação

Definindo a função da linguagem

Suponhamos que você trabalha em uma consultoria e vai redigir um *e-mail* no intuito de prospectar novos clientes. Que tipo de função de linguagem você utilizaria nesse momento? Por que você julga que essa é a função mais adequada nessa circunstância? Utilize a tabela que segue para registrar essas informações.

Função da linguagem	Justificativa

Agora que já falamos sobre linguagem, vamos começar a nos aprofundar na sua principal função: a comunicação!

1.2 O que é comunicação?

Comunicação é a arte de ser entendido.
Peter Ustinov (1921-2004)

O título deste tópico já nos traz um questionamento importante: o que é comunicação? Essa é uma questão tão intrigante quanto difícil de responder. É possível ter uma ideia da dificuldade de definir comunicação simplesmente colocando essa pergunta em um buscador da Internet: são muitas as possibilidades de resultado.

Entretanto, para que possamos prosseguir alinhados em nossa leitura, vamos entender da seguinte forma:

Comunicação é o modo pelo qual as pessoas se relacionam entre si.

> **Para pensar**
>
> **Como você se relaciona com os outros?**
>
> Como você se relaciona com seus pais? Com seus amigos? Com seu namorado ou sua namorada?
>
> Antes de continuar a leitura, pare e tente pensar um pouco nas características mais importantes de sua relação com as pessoas mais próximas de você.

Estamos nos comunicando a todo o momento: em casa, no trabalho, nos ambientes sociais, em uma conversa breve, em um gesto de reprovação. Comunicamo-nos quando cumprimos as recomendações dos sinais de trânsito ou assistimos a um filme. Ao contemplar uma obra de arte ou mesmo uma paisagem. Nossa vida está imersa em diversas formas de comunicação e é tão somente pela possibilidade de nos comunicarmos que dizemos que o homem é um ser social, que depende do outro para se fazer presente no mundo. Ela é o princípio básico que regula nossa vida em sociedade, que permite a interação com nossos semelhantes.

> **Para pensar**
>
> **Como seria sua vida sem comunicação?**
>
> Tente imaginar como seria a sua vida se você não pudesse se expressar, se não pudesse dizer como se sente, quando tem fome ou sede, quando sente calor ou frio. Você consegue imaginar?

Podemos dizer, sem medo de errar, que a comunicação é fundamental para a vida humana. Também podemos afirmar que é praticamente impossível sobreviver sem comunicação; sempre há uma forma possível de nos expressarmos, de interagirmos com o outro.

Um pouco de história

Etimologicamente, "comunicação" é uma palavra derivada do termo *communicare*, do latim, que poderia ser traduzido como partilhar ou tornar comum.

Supõe-se que no início dos tempos os homens se comunicavam por meio de gestos, gritos ou grunhidos, tal qual animais com capacidades de expressão mais limitadas. Possivelmente em algum momento do passado começou-se a perceber que havia relações entre os objetos e seus usos. Por exemplo, um objeto semelhante a uma flecha seria de uso importante para a caça ou a pesca. Mas, além dos objetos usados para alimentação, o homem deve ter percebido que havia alguns artifícios que facilitariam sua sobrevivência, como a proteção oferecida por uma caverna, por exemplo.

Essas informações, estreitamente ligadas à sobrevivência, precisavam ser passadas para os demais integrantes do grupo de alguma forma, seja por gestos, por repetição sistemática do processo ou por outro meio. Podemos dizer que essa passagem de informações constituiu uma primeira forma de comunicação, ainda que bastante rudimentar.

Entretanto, é praticamente impossível precisar quando surgiu a fala na comunicação humana, mas alguns estudos indicam que começamos a utilizá-la há aproximadamente 100 mil anos. Com o passar do tempo, essa comunicação, ainda pouco eficiente, foi ganhando contornos mais claros e evoluídos. Uma das grandes dificuldades da manutenção da linguagem falada foi sua falta de permanência e de alcance: além de a fala se perder no tempo, ela tinha um alcance geográfico limitado, trazendo muitas dificuldades na manutenção e na duração das primeiras expressões verbais.

Vale saber

Pictograma

Símbolo ou desenho empregado para representar algo, seja um objeto ou uma ideia. Ainda hoje são muito utilizados para sinalizar locais públicos, por exemplo. Entretanto, há uma limitação cultural para seu entendimento. Lembremo-nos do exemplo da placa de contramão, já citada neste capítulo, passível de compreensão apenas pelas pessoas que convivem nos lugares onde ela é utilizada.

Ao contrário da fala, é relativamente mais simples precisar o surgimento das primeiras manifestações escritas. Os primeiros registros de que temos notícia datam dos anos 8000 a.C. A partir dos anos 3000 a.C. surgem os chamados hieróglifos, um sistema rudimentar de desenhos utilizado pelos egípcios para fazer registros por meio de imagens, chamadas de pictogramas.

A importância da comunicação

Como você pôde perceber, há muito tempo o homem vem se esforçando para conseguir se comunicar. Ao longo desse tempo, o intuito da comunicação sempre foi partilhar informações, sentimentos e emoções. A comunicação é uma necessidade humana que garante nossa sobrevivência; assim como biologicamente precisamos de água e alimento, socialmente precisamos da comunicação. Ela nos garante as sensações de segurança, confiança e, até mesmo, felicidade.

Exercício de aplicação

Comunicação na empresa

Vamos a um caso real. Uma empresa percebeu uma série de problemas de comunicação, principalmente com seus colaboradores. Essa questão foi reforçada por uma pesquisa, que evidenciou que 32% dos funcionários não tinham acesso às informações da companhia por meio dos canais oficiais de comunicação.

Para tentar contornar esse problema, a partir de 2013 foram implementadas as seguintes ações: *newsletter* corporativa, campanhas de comunicação, definição de profissionais que atuariam como pontos focais, definindo pautas de boletins e ajudando na elaboração da *newsletter*. Um ano mais tarde realizou-se uma nova pesquisa dentro dessa empresa e se constatou que 83% dos colaboradores se consideravam informados sobre os rumos da organização e 97% se declaravam orgulhosos de fazer parte desse processo.

Desde os primórdios a comunicação é um instrumento de integração, instrução e trocas. No mundo atual ela vem ganhando novos contornos, e sua importância está cada vez mais na pauta da sociedade.

A partir do caso exposto, reflita:

- Por que as pessoas se sentem mais seguras quando têm acesso às informações?

_____

_____

- Para a empresa, qual a importância do significativo aumento de profissionais que se julgavam informados sobre seus rumos?

_____

_____

- Por que a maior parte dos funcionários se declararam orgulhosos de fazer parte desse processo?

_____

_____

Vale saber

Newsletter

Em muitas organizações é comum que se enviem boletins informativos aos colaboradores através de *e-mail* (de acordo com a realidade da organização, podem-se utilizar outras formas de envio além do *e-mail*). Esses boletins, chamamos de *Newsletter*.

1.3 O processo de comunicação

Falar é uma necessidade, escutar é uma arte.
Johann Goethe (1749-1832)

A comunicação é, na verdade, um processo, ou seja, uma atividade contínua, sequencial, que se desenvolve em determinado período de tempo.

Para que esse processo se concretize são necessários, no mínimo, três elementos: um emissor, um receptor e uma mensagem. Vamos falar mais de cada um desses elementos no quadro a seguir.

Quadro 1.3 Os três principais elementos da comunicação

Emissor	Receptor	Mensagem
Aquele que emite ou produz uma mensagem. Pode ser uma pessoa, uma instituição, um grupo etc.	Aquele a quem a mensagem se destina. Também pode ser uma pessoa ou um grupo.	O conteúdo que o emissor deseja transmitir ao receptor.

A comunicação acontece quando um emissor produz uma mensagem que é percebida e compreendida por um receptor. Essa mensagem pode ser produzida por meio da fala, da escrita, além de muitas outras formas possíveis. Esse modo como a mensagem será organizada e transmitida, chamamos de código.

Vale saber

Códigos

Sinais estruturados de acordo com determinadas regras que devem ser de conhecimento do emissor e do receptor. Perceba que, em língua portuguesa, uma mensagem do tipo "Animal Pedro ama todos sempre" seria incompreensível. Apesar de conhecermos os vocábulos e os compreendermos isoladamente, sua organização não segue as regras de estruturação de nossa língua, o que dificulta a formação de uma mensagem.

Outro ponto importante do processo de comunicação é a existência de um canal, um meio físico ou virtual que suporte esse processo, garantindo a relação entre o emissor e o receptor.

Decerto que o receptor pode perceber a mensagem do emissor de outra forma, atribuindo significados diferentes daqueles que o emissor desejou. Nessas situações, dizemos que surgiram barreiras ou ruídos de comunicação e, para contorná-los, o *feedback*, ou seja, o retorno que o receptor apresenta à mensagem do emissor, será fundamental!

A Figura 1.2 ilustra os componentes do processo de comunicação.

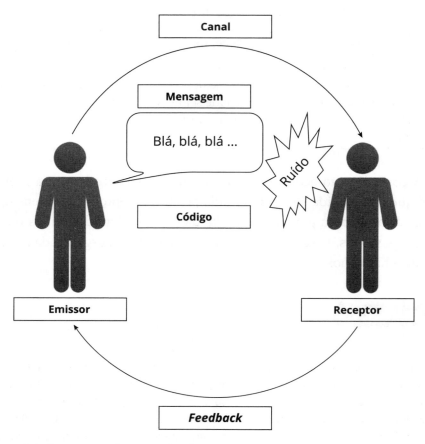

Figura 1.2 O processo de comunicação

Resumindo: o importante no processo de comunicação é que haja alguém (um emissor) que deseja passar algum conteúdo (uma mensagem) para outro alguém (um receptor). Para tal, utiliza-se um sistema estruturado (código) que é transmitido através de um meio físico ou virtual (canal). Ao longo desse processo pode haver barreiras ou ruídos, que podem ser contornados por meio do *feedback* do receptor. Falaremos mais sobre isso no próximo tópico.

1.4 As barreiras do processo de comunicação

*A experiência ensina que são pouquíssimos
os que são capazes de fixar o sentido das palavras que usam.*
Jaime Balmes (1810-1848)

Dado o que vimos ao longo deste capítulo, pode parecer que o processo de comunicação é bastante simples. Mas as coisas não são assim! Muitas vezes temos a intenção de dizer algo, e de fato o dizemos, mas nosso ouvinte entende de outra forma. Essas falhas de compreensão chamamos de "barreiras de comunicação".

Podemos definir barreira de comunicação como uma falha no processo comunicativo. Essas barreiras também são conhecidas como ruídos, pois dificultam a compreensão da mensagem. Esse nome é interessante porque nos traz a ideia exata do que é uma barreira de comunicação. Imagine, por exemplo, que você está conversando com um amigo e, ao fundo, há uma música tocando bem alto. Provavelmente vocês precisarão falar mais alto ou até mesmo gritar para que um consiga entender o outro, dado que há um "ruído" dificultando sua comunicação. Esse "ruído" não é necessariamente um som; ele pode ser de natureza física, fisiológica, psicológica ou mesmo semântica.

Vale lembrar que, se você se comunica com alguém, mas esse alguém não entende o que você quis expressar, ou entende apenas parcialmente, podemos mesmo dizer que não houve comunicação. Lembre-se de que comunicação é troca de entendimentos!

Vale saber

Com quem você prefere conversar?

Você prefere conversar com alguém de que você gosta ou com alguém de que não gosta?

Muito provavelmente você escolheu a primeira opção. Normalmente temos mais empatia e disponibilidade para conversar com as pessoas de que gostamos, com as quais temos mais afinidades.

Quando há algum problema, é muito frequente que nos questionemos o porquê dessas interferências, e são muitas as razões possíveis. Entre elas, podemos destacar as barreiras psicológicas.

Quando vivemos em sociedade, normalmente nos organizamos em grupos e nossos relacionamentos são repletos de emoções (simpatia, alegria, raiva etc.). Essas emoções podem facilitar ou dificultar o processo de comunicação, podendo, algumas vezes, criar barreiras instransponíveis à realização de uma conversa.

Mas não são só as emoções que podem prejudicar esse processo: fatores como educação, crenças, preconceitos, dogmas religiosos, medo do outro, entre muitos, afetam a comunicação. Imagine, por exemplo, que você tem um chefe bastante rigoroso, mas você nunca se dirigiu a ele. Entretanto, você o vê frequentemente sendo ríspido e rude com seus colegas de trabalho. Muito provavelmente, quando precisar falar com ele, você estará mais tenso, com receio de que ele também seja ríspido com você. Então, entre tantas estratégias, você poderia optar por se planejar ao máximo para essa conversa, chegando a parecer "robotizado" na sua fala. Ora, o receio de ser destratado criou uma barreira psicológica na sua comunicação, deixando-a prejudicada, o que seria normal nesse tipo de situação.

Mas, além dessa barreira de ordem psicológica, há diversas outras que podem prejudicar o processo comunicativo. Vamos falar um pouco mais de cada uma delas.

Distração

Chamamos de distração os fatores externos à mensagem que dificultam sua percepção. Imagine, por exemplo, que durante uma conversa você começa a receber mensagens no seu telefone celular. Mesmo que você não leia essas mensagens, ficará tentando saber quem a enviou, qual o assunto, se era importante, se precisava ser respondida imediatamente. Pronto! Já houve uma distração da conversa principal, prejudicando sua compreensão e criando uma barreira comunicativa.

Presunção

Ocorre quando uma pessoa supõe que a outra já conhece o conteúdo de sua mensagem. Imagine que um familiar vai fazer uma cirurgia e a equipe médica lhe diz que será necessária uma "dissecção". Não sendo da área de saúde, muito provavelmente você não compreenderá o que será feito em seu familiar. Se a equipe médica diz apenas que será feita uma dissecção, mas não explica o que isso significa, podemos dizer que houve uma barreira comunicativa (o ouvinte não compreendeu a mensagem) gerada pela presunção de que se sabia o significado desse termo. Seria mais adequado que a equipe médica explicasse que será necessário isolar um órgão por meio de uma cirurgia, que é o mesmo que falar em dissecção.

Confusão

Quando os assuntos não seguem uma sequência lógica ou coerente, é praticamente impossível que o receptor consiga criar uma imagem mental daquilo que se está falando. Nesse caso, dizemos que houve uma apresentação confusa ou uma confusão comunicativa. Essa situação é muito comum quando vamos assistir a uma palestra que não foi estruturada de modo linear, fazendo com que o apresentador vá e volte no mesmo assunto diversas vezes. Nós, como receptores, desviamos nossa atenção do assunto em questão e, às vezes inconscientemente, paramos de focar nossa atenção no conteúdo da mensagem que é proferida.

Credibilidade

Relaciona-se à confiança que temos na pessoa que está transmitindo a mensagem. Algumas pessoas têm, naturalmente, mais credibilidade que outras. Há circunstâncias nas quais essa credibilidade não é tão natural assim: é fruto de estudo e aprofundamento no assunto que está sendo veiculado. Muito possivelmente é mais fácil encarar como adequada a explicação de uma fórmula química por um professor dessa área do que confiar na explicação de um leigo sobre a mesma fórmula. Perceba que, nesse caso, o *status* do emissor é um diferencial importante para que confiemos naquilo que ele diz.

Defensividade

Acontece quando o receptor já tem uma imagem formada sobre o assunto em questão ou quando não simpatiza com o emissor. Nessas situações, é comum que o ouvinte se coloque numa situação de "defensiva", rejeitando aquilo que é dito antes mesmo de compreender seu real significado.

É importante ressaltar que há muitos estudos sobre as barreiras no processo de comunicação. Aqui, tentamos listar aquelas que nos parecem mais importantes e frequentes, de modo que você possa se dar conta de que elas existem e evitar que prejudiquem seu processo comunicativo.

Assim como há muitas barreiras de comunicação, há também muitas formas de contorná-las. Vamos falar um pouco sobre aquelas que julgamos mais pertinentes e mais facilmente aplicáveis no dia a dia.

Linguagem apropriada

Quando se utiliza linguagem apropriada ao local, aos ouvintes e à situação, há mais chances de que a mensagem seja compreendida tal como se deseja.

Precisão

Muitas vezes precisão é confundida com excesso de zelo. Entretanto, é melhor repetir a mensagem de diferentes formas e garantir que ela seja compreendida adequadamente do que correr o risco de surgir um problema de entendimento.

Canais múltiplos

Todo nosso corpo fala. É importante que os gestos e as expressões apoiem a mensagem, já que diferentes canais de comunicação reforçam e garantem o entendimento.

Escuta ativa

É a participação ativa do receptor. Se há dúvidas sobre o que está sendo dito, questione, pergunte, esclareça; evite que uma dúvida passe, pois ela pode prejudicar a compreensão da mensagem na íntegra. Emissor e receptor participam juntos do processo comunicativo, sempre em sintonia!

Empatia

Colocar-se na situação do outro é, também, uma boa forma de compreender a mensagem. Por exemplo, se percebemos que alguém quer nos dizer algo, mas está nervoso ou ansioso, podemos tentar tranquilizar essa pessoa antes da conversa. E podemos fazer isso justamente porque nos colocamos na sua posição e compreendemos como se sente naquele momento.

Exercício de aplicação

Minimizando barreiras de comunicação

Há muitas outras formas de minimizar as barreiras de comunicação. Será que você consegue citar mais alguma? Utilize a tabela a seguir e registre mais três formas de minimizar tais barreiras.

Formas de minimizar as barreiras de comunicação		

Entre as formas de minimizar essas barreiras, destacamos o *feedback*. Ao receber uma mensagem, o receptor irá reinterpretá-la a partir de seu repertório de mundo, suas experiências e sua vivência. Essa reinterpretação pode ou não estar em sintonia com as intenções do emissor, mas há uma forma de validá-la, que é o *feedback*. Podemos, então, dizer que o *feedback* é a reação do receptor à mensagem do emissor.

Como vimos, a comunicação já é bastante complexa em nosso dia a dia. Imagine então como é a comunicação em uma organização! No próximo capítulo vamos apresentar com mais detalhes a comunicação empresarial, seu histórico e seus desafios.

Estudo de caso

Neste momento gostaríamos de apresentar a PIMISOL, uma empresa que será utilizada nos estudos de caso deste livro e sobre a qual iremos falar mais a cada capítulo. Seu principal dirigente é Carlos Augusto, responsável pela sua criação e sua gestão.

Carlos Augusto sempre foi muito afável em suas relações pessoais e profissionais, mas, como não tem uma formação específica para a área de gestão, frequentemente precisará de nossa ajuda para tomar algumas decisões importantes para seus negócios.

A primeira delas diz respeito ao modo como ele recebe e se comunica com seus fornecedores. Apesar de muito afável, é comum que, enquanto um fornecedor apresenta seu produto, Carlos Augusto esteja planejando o que fará na próxima reunião de funcionários ou no comitê de gestão. Certa vez um fornecedor perguntou se ele estava prestando atenção na explicação que era dada, e Carlos respondeu que não precisava, pois já conhecia bastante o produto, apesar das alterações que haviam sido feitas em suas especificações.

Talvez ele não tenha se dado conta, mas criou duas barreiras comunicativas com esse fornecedor.

Será que você consegue identificá-las? E será que consegue propor estratégias para contorná-las?

Resumo Executivo

- As relações humanas se constroem por meio da comunicação.
- Linguagem compreende qualquer meio minimamente organizado que permita que uma pessoa se comunique com outra.
- A linguagem tem diversas funções: referencial, emotiva, apelativa, fática, metalinguística, poética.
- A linguagem se apresenta, basicamente, em duas modalidades: culta e popular.
- Comunicação é o modo como as pessoas se relacionam entre si.

- Para haver comunicação, é preciso que a linguagem seja compartilhada entre as pessoas envolvidas.
- Chamamos de barreiras de comunicação as falhas de compreensão ao longo do processo comunicativo.
- Além das barreiras psicológicas, são barreiras de comunicação a distração, a presunção, a confusão, a credibilidade e a defensividade.
- Para contornar as barreiras de comunicação, pode-se utilizar linguagem mais apropriada às circunstâncias, ser mais preciso, utilizar diferentes canais comunicativos, fazer uso da escuta ativa e ser empático.

Teste seu Conhecimento

Vamos conferir o que aprendeu neste capítulo?

Abaixo propomos algumas questões que foram apresentadas. Sugerimos que você responda a todas elas e, em seguida, compare com as respostas que apresentamos no término do livro.

1. Descreva três diferentes formas de linguagem que você utiliza em seu dia a dia.
2. Como essas três formas de linguagem se complementam para que a comunicação se realize de forma adequada?
3. Qual o requisito mínimo para que a comunicação se concretize?
4. Descreva, com suas palavras, o que são barreiras de comunicação. Em seguida, cite ao menos três exemplos.
5. Descreva duas formas de contornar as barreiras e assegurar que a comunicação se realize de forma adequada.

FUNDAMENTOS E HISTÓRICO DA COMUNICAÇÃO EMPRESARIAL

Esperamos que, ao término deste capítulo, você seja capaz de:

- Definir o que é comunicação empresarial;
- Reconhecer o caráter plural da comunicação empresarial;
- Distinguir as diversas formas de atuação em comunicação empresarial nas organizações.

> *Aquilo que te digo, transforma-se em cinza antes de te tocar. Quando chega à página, quando sai dos meus lábios, quando termina de se formar dentro de mim, já é cinza.*
>
> José Luis Peixoto (1974-)

Utilizamos o trecho de Peixoto como epígrafe deste capítulo no intuito de mostrar a complexidade do processo de comunicação. Nem sempre aquilo que uma pessoa diz é entendido pela outra da forma desejada. Isso acontece porque a comunicação pressupõe uma série de estratégias de codificação e decodificação para que aquilo que uma pessoa pensa não se transforme em cinzas antes de tocar o outro.

Essa complexidade ganha outras dimensões quando falamos em processos de comunicação no âmbito das empresas.

Antes de começarmos, gostaríamos que você observasse com atenção o texto de Peixoto e tentasse relacioná-lo à comunicação nas organizações. Em seguida, reflita sobre duas questões importantes que serão abordadas neste capítulo:

- Qual a importância de compreender o conceito de comunicação empresarial?
- Como a história da comunicação empresarial pode ajudá-lo a refletir sobre sua importância em seu dia a dia?

Nosso objetivo neste capítulo é introduzir o conceito e apresentar brevemente a história da comunicação empresarial.

2.1 Conceituando a comunicação empresarial

A comunicação empresarial abrange uma série de ações, atividades e estratégias que visam reforçar a imagem de uma empresa ou instituição (governo, ONGs etc.) com o seu público de interesse (consumidores, acionistas, comunidade acadêmica, imprensa, fornecedores, sindicatos, governo, entre outros). Inclui atividades ligadas à Assessoria de Imprensa (AI), às Relações Públicas (RP), ao Marketing (social, comunitário, cultural, esportivo etc.), que têm profunda interação com as demais áreas de uma empresa ou organização (planejamento, novos negócios, finanças, recursos humanos etc.). Considera tanto a vertente institucional como a mercadológica.

Aqui utilizaremos comunicação empresarial, organizacional ou corporativa como sinônimos, considerando as comunicações realizadas tanto para o público interno como para o público externo à organização.

Assim sendo, vamos considerar a comunicação empresarial uma atividade sistêmica, de caráter estratégico, ligada aos mais altos escalões da empresa e que tem como objetivo criar (onde ainda não existir), manter (onde já existir) ou melhorar a imagem da empresa junto a seu público prioritário. Considera todo o processo de relacionamento da organização com seu público de interesse, também conhecido como *stakeholders*.

> **Vale saber**
>
> *Stakeholder*
>
> É uma pessoa ou um grupo que legitima as ações de uma organização e que tem um papel direto ou indireto na gestão e nos resultados dessa organização. Fazem parte desse grupo pessoas físicas ou jurídicas tais como clientes, colaboradores, fornecedores, comunidade, governo. Podemos ainda identificar *stakeholders* internos e externos.
>
> Os *stakeholders* internos são pessoas ou entidades mais próximas à organização, tais como proprietários, empregados e gestores. Os externos incluem clientes, fornecedores, credores, governo e outras pessoas ou entidades externas à organização, que tenham algum tipo de interesse em relação a ela e que possam influenciá-la de alguma forma.

2.2 Histórico da comunicação empresarial

Segundo Amaral (1999), no início do século XX ocorreram as primeiras ações de comunicação empresarial nos Estados Unidos. Em 1906, o jornalista Ivy Lee, que atuava em Nova Iorque, montou o primeiro escritório de RP de que se tem notícia com objetivo de recuperar a credibilidade do empresário John D. Rockefeller, acusado de combater as pequenas e médias organizações em busca do lucro a qualquer preço, que havia se transformado em uma ameaça à sua reputação. A ideia de Lee era proporcionar a publicação de notícias empresariais nos espaços editoriais, deixando de lado o já tradicional espaço publicitário comprado por grande parte das empresas. O trabalho para Rockfeller se transformou em *case* de sucesso – a imagem pública do cliente foi transformada na de um benfeitor da humanidade por uma série de ações e atitudes traçadas por Lee, que vão desde a dispensa de guarda-costas até a colaboração com o Congresso Americano na apuração de denúncias contra ele próprio e, por fim, a criação de fundações de interesse público, como, por exemplo, a Fundação Rockefeller.

As relações públicas ganharam o mundo a partir dessa experiência nos Estados Unidos. Chegaram ao Canadá e à França nos anos 1940 e, na década seguinte, a países como Holanda, Inglaterra, Noruega, Itália, Bélgica, Suécia, Finlândia e Alemanha.

Alguns autores defendem que, no Brasil, a prática de relações públicas se iniciou na década de 1940 em uma empresa canadense de eletricidade (The São Paulo Tramway Light and Power Company Limited), sob a liderança de Eduardo Pinheiro Lobo (KUNSCH, 2008). Outros autores, contudo, consideram que o desenvolvimento das relações públicas no Brasil só veio a ocorrer mesmo a partir de 1950.

Foi nessa década que o Brasil conheceu os trabalhos de relações públicas e de comunicação empresarial, atividades que foram motivadas pela instalação de indústrias e agências de publicidade vindas dos Estados Unidos. Era a época do governo Juscelino Kubitschek, no qual chegaram as primeiras montadoras de veículos e a industrialização brasileira impulsionou o mercado. Rolim Valença é tido como o primeiro profissional de relações públicas brasileiro. A partir da segunda metade da década de 1960, a área RP conquistou mais espaço no Brasil, surgindo uma disputa entre profissionais de jornalismo e RP. As funções dos dois, que deveriam ser complementares, viraram motivo de concorrência por cargos de chefia nas empresas. Em 1968 foi regulamentada a profissão de RP e um ano depois foi decretada a regulamentação do profissional de jornalismo. A essa altura, muitos jornalistas experimentavam trocar a correria das redações para aproveitar a agilidade aprendida em prol das organizações. Os salários de assessores também eram motivo para jornalistas trocarem de emprego, uma vez que as assessorias ofereciam mais atrativos financeiros. A reunião de profissionais do setor deu origem, em 1967, à Aberje – Associação Brasileira dos Editores de Revistas e Jornais de Empresas –, que teve como tema de sua primeira convenção a Comunicação Interna. Em 1987 a entidade passou a ser conhecida como Associação Brasileira de Comunicação Empresarial, uma adaptação às exigências do mercado e à evolução que as empresas por ela representadas experimentaram nos últimos anos.

Segundo Matos (2009), os anos de 1980 consolidaram a área de comunicação empresarial. Empresas como Vale, Petrobras e Embratel passaram a utilizar sistemas de comunicação com áreas de assessoria de imprensa, comunicação interna e relações públicas.

A partir daí, cada vez mais a comunicação empresarial vem crescendo em importância, sendo considerada uma ferramenta fundamental para o desenvolvimento e o crescimento de qualquer organização, aliada da estratégia empresarial e funcionando, ainda, como um elo entre a comunidade e o mercado.

Será que em todas as organizações a comunicação ocorre da mesma forma? Se você respondeu que não, parabéns! Alguns aspectos relevantes no processo de comunicação empresarial são relacionados à cultura de cada organização. Vamos aprender um pouco mais sobre esse assunto no próximo capítulo.

Estudo de caso

A PIMISOL é uma pequena empresa que atua no ramo de alimentação industrial com mais de 30 anos de atuação no mercado. São dezenas de clientes espalhados pelo Rio de Janeiro, e a ideia de Carlos Augusto é que ela chegue a uma centena de clientes no próximo ano e que atue nacionalmente nos próximos cinco anos. Com 200 empregados situados tanto na sede como nos clientes, a empresa ainda conta com uma administração familiar, sendo Carlos Augusto a principal interface da empresa com os ambientes externo (clientes, fornecedores, concorrentes, governo, sociedade, entre outros) e interno (empregados). Com o crescimento da PIMISOL, contudo, Paola, filha de Carlos Augusto, que também trabalha na direção da empresa, acredita na necessidade de descentralizar os canais de comunicação, criando uma área de comunicação corporativa na empresa, mas Carlos está muito resistente à ideia. O que você acha, considerando o que foi visto até aqui, sobre a criação de uma área de comunicação corporativa para a empresa? Você é a favor ou contra? Liste as vantagens e desvantagens dessa ação e proponha as principais atividades que podem ser responsabilidade dessa nova área.

Resumo Executivo

- A comunicação empresarial abrange diversas ações, atividades e estratégias que visam reforçar a imagem de uma empresa ou instituição com o seu público de interesse.

- O público de interesse de uma empresa ou instituição é formado por consumidores, acionistas, comunidade acadêmica, imprensa, fornecedores, sindicatos, governo, entre outros.
- A comunicação empresarial é uma atividade sistêmica, de caráter estratégico, ligada aos mais altos escalões da empresa e que tem como objetivo criar, manter ou melhorar a imagem da empresa junto a seu público prioritário.
- *Stakeholder* é uma pessoa ou um grupo que legitima as ações de uma organização e que tem um papel direto ou indireto na gestão e nos resultados dessa organização.
- A comunicação empresarial se iniciou nos Estados Unidos com as atividades de relações públicas. No Brasil, o trabalho de relações públicas e comunicação empresarial teve início na década de 1950.

Teste seu Conhecimento

Vamos verificar o que aprendeu e fixar alguns dos conceitos mais importantes apresentados até aqui?

Caso a pergunta se refira à experiência profissional e você não a tenha, converse com amigos e familiares, pesquise em revistas especializadas ou então apresente seu ponto de vista tendo como base o conteúdo aprendido neste capítulo. Algumas sugestões de resposta seguem ao final do livro.

1. O que é comunicação empresarial?
2. Quem são os *stakeholders* internos de uma organização?
3. Quem são os *stakeholders* externos de uma organização?
4. Apenas empresas podem utilizar a comunicação empresarial. Verdadeiro ou falso? Justifique.
5. A comunicação empresarial abrange só atividades de relações públicas. Verdadeiro ou falso? Justifique.
6. Por que comunicação institucional não é sinônimo de comunicação corporativa, empresarial ou organizacional?

7. Qual empresa é uma das pioneiras em comunicação corporativa?
8. Quando começou a comunicação empresarial no Brasil?
9. O que é a Aberje?

3

COMUNICAÇÃO E CULTURA ORGANIZACIONAL

Esperamos que, ao término deste capítulo, você seja capaz de:
- Definir o que são cultura e clima organizacional;
- Identificar a cultura das organizações e seu impacto no estilo de comunicação predominante;
- Reconhecer a existência de subculturas nas organizações;
- Interpretar a cultura de uma organização e seu impacto no estilo de comunicação;
- Reconhecer a relação entre cultura nacional, cultura organizacional e comunicação.

> *A cultura é aquilo que permanece no homem quando ele já esqueceu todo o resto.*
>
> Émile Henriot (1885-1961)

Propor uma definição de cultura é sempre difícil. Nela estão inseridas questões bastante subjetivas, como crenças, valores, regras, preferências, relações etc. A partir da citação de Henriot, reflita:

- Por que se diz que a cultura é o que permanece depois que já se esqueceu de todo o resto?

- Como nossa cultura influencia nossas ações?
- Por que é importante compreender a cultura na qual estamos imersos?

Queremos que você perceba que sempre há manifestações de cultura nos ambientes nos quais há relações entre pessoas, como as empresas, por exemplo. Neste capítulo, nosso intuito será apresentar a cultura que permeia as organizações e mostrar como se dá sua relação com a comunicação empresarial.

3.1 Cultura organizacional e comunicação

A palavra *cultura* abrange várias formas artísticas e define tudo aquilo que é produzido a partir da inteligência humana. A cultura pode ser percebida desde os povos primitivos em seus costumes, sistemas, leis, religião, artes, ciências, crenças, mitos, valores morais e em tudo aquilo que compromete o sentir, o pensar e o agir das pessoas.

Segundo Hofstede (1997), a cultura engloba os padrões de pensamentos, sentimentos e comportamentos como resultado de uma aprendizagem contínua ao longo da vida de cada um. A cultura é um fenômeno coletivo, por ser parcialmente compartilhada por pessoas que vivem num mesmo ambiente social, consistindo em regras não escritas do jogo social. Para o autor, a cultura é a programação coletiva da mente que distingue os membros de um grupo, sendo apreendida e derivada do meio ambiente social, e não da genética.

Os pressupostos básicos, os costumes, as crenças e os valores, bem como os artefatos que caracterizam a cultura de uma empresa, trazem sempre, de alguma forma, a marca de seus correspondentes na cultura nacional (FREITAS, 1997).

A comunicação influencia e é, ao mesmo tempo, influenciada pela cultura, quer seja ela nacional, quer seja organizacional. Você já ouviu falar sobre isso? Sabe o que é cultura organizacional e seu impacto em qualquer processo comunicacional? Vamos compreender, na sequência, um pouco mais sobre esse assunto tão importante para aqueles que pretendem trabalhar em alguma organização, quer seja sua atuação no primeiro, no segundo ou no terceiro setores.

> **Vale saber**
>
> **Primeiro, segundo e terceiro setores**
>
> Você sabe o que significa primeiro, segundo e terceiro setores? Organizações com fins lucrativos (como empresas e corporações) pertencem ao segundo setor; organizações governamentais pertencem ao primeiro setor; e o terceiro setor é composto de organizações "não governamentais" e "sem fins lucrativos". Recentemente tem-se dito que fazem parte desse setor as "organizações da sociedade civil".

Exercício de aplicação

Onde você quer trabalhar?

Você tem alguma ideia do tipo de organização em que pretende estagiar ou trabalhar? Será pública, privada ou do terceiro setor? Pesquise e identifique organizações que interessam a você e que pertencem a cada um desses setores. Utilize a tabela para registrar o resultado de sua busca

Privadas	Públicas	Terceiro Setor

O setor ao qual a organização pertence influencia também a cultura ali existente. Mas o que é cultura organizacional?

Para Bowditch e Buono (1992), cultura organizacional é o padrão compartilhado de crenças, suposições e expectativas dos membros da organização e a maneira de perceber a organização, suas normas, papéis, valores e ambiente. A cultura disponibiliza formas de pensamento, sentimento e reação que guiam a tomada de decisão e as ações.

Stoner, Freeman e Gilbert (1995) consideram que a cultura pode ser comparada a um *iceberg*, em que, na superfície, estão os aspectos visíveis, formais, e abaixo dela os aspectos ocultos e não formais. A cultura é menos explícita que os procedimentos e as regras.

Ainda com base na metáfora da cultura como um *iceberg*, na superfície, como aspectos visíveis e formais, estão os objetivos, a tecnologia, a estrutura, os recursos financeiros e as políticas e os procedimentos; representam a cultura patente. Abaixo da superfície, representando a cultura latente, estão os aspectos informais, tais como: percepções, atitudes, sentimentos, valores, interações e normas grupais. Os aspectos patentes são de mais fácil percepção e compreensão, e normalmente são explicitados no discurso e em documentos dos membros de uma dada organização, enquanto os latentes não são ditos, não se encontram registrados e, muitas vezes, fazem parte do inconsciente daqueles que ali atuam (FERREIRA, 2013).

Segundo Schein (1985), a cultura organizacional pode ser definida como o conjunto de pressupostos básicos inventados, descobertos ou desenvolvidos por um determinado grupo ao aprender a lidar com problemas de adaptação externa e de integração interna que funcionaram de forma adequada e que foram ensinados aos novos membros como a maneira correta de perceber, pensar e se comportar diante desses problemas.

Vale saber

Edgar Schein

Nos estudos sobre cultura organizacional, um autor de destaque é Edgar Schein, psicólogo social americano. Sugerimos que assistam a uma breve apresentação do autor sobre globalização, cultura organizacional e cultura brasileira no endereço:

http://www.youtube.com/watch?v=1FrP4KkEJ8I (acesso em: ago. 2015).

Ainda segundo o autor, a cultura de uma organização é o conjunto de normas, regras, valores e atitudes, que pode ter sido desenvolvido pelo fundador da organização, moldando um modo particular de ser, com características próprias que a distinguem das demais e que são passadas aos novos membros como a forma correta de pensar e agir, determinando o que deve ser seguido e o que deve ser evitado. A cultura exerce uma forma de controle sobre o comportamento individual e representa a identidade da organização.

A organização, contudo, não possui uma cultura única. Subculturas aparecem quando grupos de colaboradores desafiam, modificam ou substituem a cultura oficial ou dominante. Várias subculturas podem coexistir sem que uma se torne dominante (SCHEIN, 1999). A divisão do trabalho em uma organização aproxima pessoas com formação similar, o que pode gerar diferentes estruturas periféricas ou subculturas. Para Lyles e Schwenk (1992), essas estruturas periféricas apresentam especificidades que podem coexistir em graus de ruptura maior ou menor com a cultura organizacional como um todo.

A cultura pode ser compreendida em três níveis:

Artefatos

Nível mais superficial e perceptível. São os aspectos visíveis, tais como organograma, arquitetura física, políticas e diretrizes, documentos públicos, rituais de integração, padrões de comportamento e vestuário das pessoas.

Para pensar

Artefatos

Você consegue perceber os artefatos visíveis da empresa em que você ou algum amigo ou familiar atua? Caso não tenha experiência profissional, tente analisar algum filme, como, por exemplo, *O diabo veste Prada*, *A firma* ou *Legalmente loira*. O mobiliário – mesas e cadeiras – é igual para todos? Se há refeitório, existe divisão por nível hierárquico? Onde os gestores estão sentados: longe dos demais ou de forma integrada? Todos dividem baias ou existem salas para ocupantes de cargos específicos? Como é a roupa das pessoas de diferentes cargos? Esses aspectos são bons indicativos da cultura da organização.

Valores compartilhados

Definem a razão pela qual as coisas são feitas. São difíceis de observar diretamente e podem ser compreendidos por meio de conversas ou da análise de documentos formais da organização. Costumam representar os valores manifestos da cultura, fruto de idealizações ou racionalizações.

Pressuposições básicas ou inconscientes

Representam o nível mais profundo e oculto da cultura. São as crenças inconscientes, percepções e sentimentos. São também regras que, apesar de não estarem escritas, direcionam o comportamento das pessoas. Quando alguns valores compartilhados conduzem a determinados comportamentos que são adequados para solucionar problemas, eles são gradualmente transformados em pressupostos inconscientes sobre a realidade. Algo que talvez seja mais bem compreendido com a frase: "Aqui sempre foi assim que fizemos essa atividade."

A cultura é retratada na missão, visão, valores, objetivos, estilos de gestão, forma de comunicação, tomada de decisão, delegação de poder e história da organização, que representam formas de a cultura se expressar.

Vale saber

Vale, Kopenhagen e Prudential

Conheça um pouco mais sobre estas empresas e sua missão, sua visão e seus valores acessando os seguintes *links*:

http://www.vale.com/brasil/pt/aboutvale/mission/paginas/default.aspx
http://www.kopenhagen.com.br/missao-visao-e-valores/
https://www.prudentialdobrasil.com.br/Quem-Somos_Missao-Visao-Valores.pob

Vejamos, na sequência, a missão, a visão e os valores de três empresas que atuam em segmentos muito diferentes: Vale (mineradora global com sede no Brasil), Kopenhagen (tradicional grife de chocolates finos) e Prudential do Brasil (oferece planos de seguros feitos sob medida para a realidade de cada família).

A comunicação interna na organização, sobre a qual falaremos no próximo capítulo, é fundamental para disseminar a missão, a visão e os valores da organização para todos os seus colaboradores.

Vale	Missão	Transformar recursos naturais em prosperidade e desenvolvimento sustentável
	Visão	Ser a empresa de recursos naturais global número um em criação de valor de longo prazo, com excelência, paixão pelas pessoas e pelo planeta
	Valores	A vida em primeiro lugar; Valorizar quem faz a nossa empresa; Cuidar do nosso planeta; Agir de forma correta; Crescer e evoluir juntos; e Fazer acontecer
Kopenhagen	Missão	Fabricar produtos de altíssima qualidade, preservando seu sabor com sofisticação e originalidade
	Visão	Ser um grupo competitivo que atue de forma abrangente no segmento alimentício, através de um portfólio de produtos com qualidade, representado por marcas fortes, com características e propostas únicas
	Valores	Lideranças interativas; Trabalho em equipe; Proatividade; Qualidade; e Ética e respeito
Prudential	Missão	Com atenção e carinho, oferecer segurança financeira e tranquilidade para quem você mais ama
	Visão	Ser a mais confiável e admirada Seguradora do Brasil
	Valores	Ser digno de confiança; Concentração no cliente; Respeito mútuo; e Vencer

Figura 3.1 Missão, Visão e Valores: Vale, Kopenhagen e Prudential

Os funcionários podem aprender a cultura por meio de estórias, rituais, símbolos materiais e linguagem. Como exemplo de estórias, existem as que se referem ao fundador da organização, lembranças dos momentos difíceis e de alegria. Os rituais são atividades que expressam e reforçam os valores presentes na organização, sendo os mais comuns os de integração, cujo objetivo é diminuir a ansiedade dos novos funcionários, possibilitando a familiarização com as regras e políticas da empresa. Os símbolos podem ser expressos pela arquitetura do edifício e o tamanho e arquitetura das salas, e as linguagens são os termos criados para descrever equipamentos, escritórios, pessoas-chave, produtos e clientes.

> **Vale saber**
>
> **Disneylândia**
>
> Você já deve ter ouvido várias estórias sobre a Disneylândia... Conheça mais uma, que exemplifica a forma como a cultura da Disney comunica e modela o comportamento dos seus empregados. Para isso, acesse: http://startse.infomoney.com.br/portal/2015/07/24/12917/um-bone-perdido-na-disney-pode-dar-a-maior-licao-sobrecultura-da-empresa-que-ha/.

Quando falamos sobre cultura organizacional, é importante entendermos melhor os ritos ou rituais, os mitos e os tabus. Todos esses elementos fazem parte da forma como a organização transmite e estrutura sua comunicação com seus empregados. Vamos entender um pouco melhor esses conceitos na sequência.

Ritos ou rituais são cerimônias que envolvem desde comemorações (aniversariantes do mês, final do ano, atingimento de metas, entre outras) até ações como a integração de novos colaboradores; são bastante específicos, variam de empresa para empresa e permitem que compreendamos melhor a forma de pensar e agir dos integrantes de uma dada organização. Em outras palavras, podemos dizer que rituais e ritos são um conjunto de atividades cuidadosamente planejadas e executadas, com um começo e um término bem demarcados e papéis bem definidos, que são repetidos várias vezes.

Deal e Kennedy (2000) compreendem os ritos e rituais como expressões culturais planejadas que têm consequências práticas para as organizações. Entre outras funções, eles:

- Comunicam claramente como as pessoas devem se comportar nas organizações e quais os padrões são aceitáveis ou inaceitáveis;
- Chamam a atenção para a maneira como os procedimentos são executados;
- Exercem uma influência visível;
- Aproximam pessoas, reduzem conflitos e criam novas visões e valores.

Existem vários tipos de ritos, como, por exemplo:

Ritos de passagem

Facilitam a transição de indivíduos para novos papéis e *status*. São utilizados em processos de admissão, remanejo de funções, ascensão na carreira profissional. Como exemplo, podem ser citadas as trilhas de liderança, que são programas que, ao mesmo tempo em que desenvolvem os profissionais para melhor ocuparem o novo papel ocupacional, também funcionam como um marco, uma linha divisória entre o seu papel anterior e o subsequente.

Ritos de degradação

Dissolvem identidades sociais e seu poder. São geralmente usados nos casos de demissões, afastamento de altos dirigentes e também para denunciar falhas, incoerências, incompetências e violação de normas. Como exemplo, podemos citar o caso de um empregado que, ao ser desligado da empresa (mandado embora), é proibido de acessar seus arquivos e, inclusive, escoltado até a saída por seguranças.

Ritos de confirmação ou de reforço

Fortalecem identidades sociais e seu poder e são geralmente utilizados para reconhecer publicamente feitos heroicos, conquistas, superação de metas e outros. Como exemplos, podemos citar empresas que elegem o "empregado do mês", conferindo ao escolhido algum símbolo que o destaque dos demais (pode ser um boné, um *button* ou *pin* ou um certificado) ou ainda aquelas que colocam sinos ou alarmes que devem ser acionados quando do atingimento de determinada meta ou da entrega de um produto ou serviço no prazo.

Ritos de integração

Encorajam e revivem sentimentos comuns que agregam as pessoas, mantendo-as em um sistema social. Como exemplos, podemos citar festas de aniversário da organização, comemorações em datas festivas como Natal, Páscoa, Dia dos Pais e das Mães e encontros das sextas-feiras após o trabalho.

> **Para pensar**
>
> **Ritos**
>
> A empresa em que você, um familiar ou amigo atua possui algum tipo de ritual? Você pode também pensar sobre o assunto com algum filme. Pense em comemorações como "aniversariantes do mês", datas festivas (Dia das Mães, dos Pais, festas de final de ano, aniversário da empresa). Tente comparar esses rituais com aqueles existentes em outras empresas. Converse com seus amigos sobre isso! Vai ser uma experiência interessante perceber como as organizações possuem ritos diferentes e específicos.

As estórias e os mitos são contos sobre os fatos que ocorreram e ocorrem na organização, podendo ser verdadeiros ou não. Normalmente, as estórias têm como base fatos reais e indicam como os problemas devem ser resolvidos e a forma como as decisões devem ser tomadas. Já os mitos não costumam ter sustentação em algum fato anterior. Como exemplo de estória podemos citar a criação do *post-it*, da empresa 3M. Tudo começou em 1968, quando Spencer Silver desenvolveu um adesivo que podia ser facilmente removido e recolocado quando deveria ter desenvolvido uma "supercola". Em 1977, Art Fry, também da 3M, teve a ideia de aplicar o adesivo em um produto voltado ao consumo. O conceito de um bilhete reposicionável surgiu no dia que Art Fry cantava no coral de sua igreja. Toda vez que ele abria o livro ou mudava de página, algum marcador caía. Resolveu, então, aplicar o adesivo desenvolvido por Spencer Silver em tiras de papel como forma de tentar resolver o seu problema. Mas logo ele percebeu que tinha criado uma nova forma de se comunicar e organizar informações. Em 1980, o Post-it® "amarelinho" foi oficialmente lançado nos Estados Unidos. Nos anos seguintes, a marca cresceu e gerou vários outros produtos.

> **Vale saber**
>
> **Post-it**
>
> Saiba mais sobre a história do post-it no seguinte *link*:
> http://www.post-it.com.br/wps/portal/3M/pt_BR/LAPost-it/Global/About/About/

A figura de heróis também compõe a cultura organizacional. Pessoas que fizeram ou fazem parte da organização representando coragem, força e/ou determinação, servindo como exemplo de comportamento são bastante frequentes. São modelos de papéis que personificam o sistema de valores culturais e que definem o conceito de sucesso na organização, estabelecendo um padrão de desempenho. Um exemplo é o Steve Jobs, da Apple.

> **Vale saber**
>
> **Steve Jobs**
>
> Ficou curioso sobre a trajetória de Steve Jobs? Se sim, sugerimos que assista ao filme *Jobs* (2013), dirigido por Joshua Michael Stern.

Considerando ainda o tema cultura e comunicação, vale a pena mencionar outros pontos importantes:

- Etiqueta ou códigos de conduta: é um documento formal, que várias organizações possuem, no qual apresenta aos seus funcionários o que é deles esperado em termos de comportamento;
- Ramo de atividade: alguns ramos são mais formais, mais exigentes, com mais tecnologia; outros não. Isso impacta na forma de comunicação entre as pessoas;
- Dirigentes atuais: influenciam diretamente na cultura da empresa e nas formas preferenciais de se comunicar, assim como os fundadores;
- Área geográfica: cada região possui particularidades em termos de população, nível e padrão cultural, aspectos socioeconômicos, estilo de vida, formas de se comunicar, entre outros.

A comunicação impacta e é impactada pelo clima organizacional. Vamos entender um pouco melhor esse conceito, bem como a diferença que existe entre clima e cultura.

Vale saber

Códigos de conduta

Você já leu algum código de conduta? Sabe o que é? Trata-se de um documento interno desenvolvido por várias empresas que serve como forma de comunicar o que é esperado de seus empregados, em termos de comportamentos aceitos e valores compartilhados. Conheça o código de conduta da Perfilados Paraná – Indústria, Comércio e Representações Ltda. disponível em:

http://www.perfipar.com.br/timedetalentos/codigodeconduta.pdf (acesso em: ago. 2015).

Exercício de aplicação

Características da cultura organizacional

Em um exercício anterior, você foi "provocado" a pensar sobre as organizações (públicas, privadas ou de terceiro setor) em que tem desejo de estagiar ou trabalhar. Agora é o momento de pesquisar informações que permitam que identifique características sobre a cultura organizacional de cada uma delas. Procure na *homepage* de cada organização e também em matérias e notícias que tenham sido divulgadas em revistas e jornais especializados. Se conhecer alguém que trabalhe ou tenha trabalhado na organização, vale a pena conversar com eles também. Tente identificar a maior quantidade possível de informações e associá-las aos aspectos de cultura organizacional detectados neste capítulo. Registre o fruto de sua pesquisa na tabela que segue:

Cultura	Organização 1	Organização 2	Organização 3
Mitos			
Ritos			
Estórias			
Missão, Visão e Valores			
Outras informações			

3.2 Cultura e clima organizacional

É comum haver uma confusão entre os conceitos de clima e cultura organizacional (FERREIRA, 2013). A cultura, como já visto, refere-se a normas e valores organizacionais, e o clima é uma descrição das condições de trabalho de uma organização.

O clima pode ser entendido como a percepção da atmosfera da organização e impacta a satisfação com o trabalho, as interações entre os grupos e até mesmo os comportamentos que exprimem afastamento dos empregados do ambiente de trabalho (absenteísmo, rotatividade, entre outros). A cultura organizacional é uma das principais causas do clima: a cultura é a causa, e o clima é a consequência, sendo os dois, portanto, fenômenos complementares. Por exemplo: uma cultura rígida e formal irá causar um clima rígido e formal, um ambiente de trabalho rígido em que os funcionários não podem expressar suas ideias; em contrapartida, uma cultura flexível (informal) irá causar outro ambiente de trabalho, com um clima saudável. O clima é instável e refere-se ao nível de satisfação dos funcionários em um dado momento, enquanto a cultura decorre de práticas estabelecidas ao longo do tempo.

A cultura organizacional impacta a forma como a organização se comunica tanto interna como externamente. Vamos, no próximo capítulo, entender melhor o que isso quer dizer.

Estudo de caso

A PIMISOL não possui uma área de gestão de pessoas; contudo, realiza, anualmente, uma série de comemorações em datas específicas, como, por exemplo, Dia dos Pais, Dia das Mães, aniversário da empresa, Natal e aniversariantes do mês. Carlos Augusto é uma figura sempre presente nesses eventos, fazendo questão de chamar a empresa de sua "casa"; e os empregados, de sua "família". Existe ainda uma homenagem aos empregados que fazem dez anos de empresa: recebem uma camisa comemorativa e são convidados para almoçar com Carlos Eduardo. A comunicação é muito fácil e direta, e todos podem recorrer a qualquer integrante da diretoria sempre que quiserem. Paulo Renato foi recém-contratado para assumir a posição de coordenador da área de operações da empresa; contudo, como veio de uma multinacional, repleta de formalismos, está tendo dificuldade de se adaptar aos novos costumes e às formas de agir. Que conselhos você daria a ele considerando o que foi visto ao longo deste capítulo?

Resumo Executivo

- Cultura organizacional é o padrão compartilhado de crenças, suposições e expectativas dos membros de uma organização.
- A cultura disponibiliza formas de pensamento, sentimento e reação que guiam a tomada de decisão e as ações.
- Cultura: conjunto de normas, regras, valores e atitudes que moldam um modo particular de ser.
- A cultura é transmitida aos novos membros como a forma correta de pensar e agir, determinando o que deve ser seguido e o que deve ser evitado.
- A cultura pode ser compreendida em três níveis: artefatos, valores e pressuposições básicas ou inconscientes.
- A cultura é retratada na missão, na visão, nos valores, nos objetivos, nos estilos de gestão, na forma de comunicação, na tomada de decisão, na delegação de poder e na história da organização.
- A cultura pode ser transmitida por meio de estórias, rituais, símbolos materiais e linguagem.

Teste seu Conhecimento

Vamos verificar o que você aprendeu e fixar alguns dos conceitos mais importantes apresentados até aqui?

Caso a pergunta se refira à experiência profissional e você não a tenha, converse com amigos e familiares, pesquise em revistas especializadas ou então apresente seu ponto de vista tendo como base o conteúdo aprendido neste capítulo. Algumas sugestões de resposta seguem ao final do livro.

1. O que é cultura organizacional?
2. Cite e explique os níveis que explicam a cultura organizacional.
3. Assinale com V (verdadeiro) ou F (falso). A cultura é retratada:
    ( ) Na missão
    ( ) Na visão
    ( ) Nos valores
    ( ) Nos objetivos
    ( ) Nos estilos de gestão
    ( ) Na forma de comunicação
    ( ) Na tomada de decisão
    ( ) Na delegação de poder
    ( ) Na história da organização
4. Qual a importância da comunicação interna para disseminar a missão, a visão e os valores da organização?
5. O que são ritos ou rituais e qual sua relação com a comunicação?
6. O que são estórias e mitos?
7. O que são os heróis no contexto da cultura organizacional?
8. O que é clima organizacional?
9. Qual a relação entre cultura organizacional e clima?
10. O clima organizacional é mais instável e mutável que a cultura de uma dada organização. Essa afirmação é verdadeira ou falsa? Justifique.

COMUNICAÇÕES INTERNA E EXTERNA

Esperamos que, ao término deste capítulo, você seja capaz de:
- Definir o que são comunicação interna e externa;
- Descrever ao menos uma forma de planejar, executar e avaliar processos de comunicação interna e externa nas organizações;
- Reconhecer como a comunicação empresarial colabora para a construção da credibilidade de uma organização.

> *Acontece às vezes que uma flecha lançada ao acaso atinge o alvo que o arqueiro não queria; muitas vezes uma palavra pronunciada sem desígnio lisonjeia ou magoa um coração infeliz dividido entre o prazer e o medo.*
> Walter Scott (1771-1832)

Muitos autores refletiram sobre a comunicação e seus impactos na vida das pessoas. Cuidar da nossa comunicação nos ajuda a compreender se o que falamos "lisonjeia ou magoa" nosso interlocutor. E não nos referimos apenas ao *conteúdo*, ou seja, àquilo que se expressa; tão importante quanto cuidar daquilo que se quer falar é cuidar de como se fala, ou seja, da *forma* como se comunica. Justamente por isso, começamos este capítulo com um trecho da obra de Walter Scott que nos mostra a importância de cuidarmos adequadamente da comunicação para que ela não se torne "uma flecha lançada ao acaso [que] atinge o alvo que o arqueiro não queria". Esse cuidado não é necessário apenas nas nossas relações pessoais. Muitas vezes uma organização tem a intenção de dizer algo, mas acaba se expressando de maneira inadequada.

Então, retome o trecho da obra de Walter Scott e reflita:

- Qual a importância de uma organização ser precisa em sua comunicação?
- Por que as organizações devem cuidar daquilo que comunicam interna e externamente?
- Você acredita que é importante para uma empresa cuidar da forma como ela se comunica com seus públicos?

4.1 As comunicações de uma organização

> *Devemos modelar nossas palavras até se tornarem o mais fino invólucro dos nossos pensamentos.*
>
> Clarice Lispector (1920-1977)

A forma mais frequente pela qual a comunicação se concretiza é a palavra. Além do conteúdo em si, ela expressa nossa forma de enxergar o mundo e, por isso, devemos "modelar nossas palavras até se tornarem o mais fino invólucro dos nossos pensamentos". Essa reflexão tem o objetivo de nos fazer entender o processo de comunicação como ele é de fato: complexo, mesclando forma e conteúdo, intenções e percepções, objetivos e desejos. Daí a necessidade de considerarmos a comunicação em todas as esferas de nossa vida, inclusive nas nossas atividades profissionais.

No atual cenário das organizações, duas questões têm sido bastante consideradas: concorrência e competição. Não se trata apenas de concorrência e competição pelo mercado consumidor; podemos incluir, por exemplo, a concorrência pelos melhores profissionais das mais diversas áreas. Afinal, se a organização quer ter sucesso, precisa de pessoas que a ajudem a obtê-lo.

Hoje em dia as mudanças são cada vez mais frequentes e rápidas. Nesse contexto, uma comunicação organizacional eficiente, que considere toda a complexidade do ato comunicativo, pode ser um diferencial importante para lidar com concorrências e competições que permeiam nosso cotidiano.

Para pensar

Que trabalho você preferiria?

Você, como profissional, preferiria trabalhar em uma empresa que é transparente em sua comunicação, que alinha seus conceitos e seus valores com os funcionários, que é transparente na divulgação de seus resultados, ou trabalhar em uma empresa que seja exatamente o oposto disso tudo?

Muito provavelmente, no que diz respeito à comunicação, você optou por trabalhar na primeira empresa, aquela que mantém um canal de diálogo aberto com seu público interno, mantendo-o informado sobre seus rumos. Saber onde estamos, para onde vamos e como vamos nos tranquiliza e faz com que nos sintamos parte do negócio.

Mas podemos expandir essa reflexão para o lado de fora da empresa. Façamos, então, os mesmos questionamentos, mas nos imaginando na posição de consumidores. Sua resposta mudou ou permaneceu a mesma?

Acreditamos que, como consumidor, muito provavelmente você também tenha feito a opção pela primeira empresa. Isso acontece porque valorizamos empresas de boa reputação. E evidentemente, além de ser capaz de construir uma boa reputação, é fundamental que a empresa seja capaz de divulgá-la ao mercado.

Vale saber

Reputação

Chama-se de reputação o conceito que alguém faz de algo ou de outro alguém. É comum ouvirmos que uma pessoa tem boa reputação, querendo dizer que se trata de alguém de confiança.

Se suas opções foram trabalhar em uma empresa que mantém um diálogo produtivo com seus funcionários e que se comunica de forma adequada com o mercado, você já entendeu um pouco sobre comunicação interna e externa. Mas vamos tentar defini-las de forma mais objetiva.

Comunicação interna

Trata-se do processo de comunicação que visa garantir o alinhamento do público interno de uma organização. É composta de todas as práticas que têm como objetivo garantir que o processo comunicacional com o público interno se realize, seja esse público composto de funcionários, colaboradores ou mesmo de acionistas.

Comunicação externa

Trata-se do processo de comunicação que tem por objetivo informar o público externo e cuidar da imagem da organização. Além do público em geral, essa comunicação precisa estar atenta à imprensa, aos clientes, aos concorrentes, ao governo etc. Todos os interlocutores que não fazem parte da organização podem ser considerados público externo.

Ao falar de comunicação interna ou externa, estamos falando das relações que a empresa estabelece com seu público. Esse é um dos principais motivos pelos quais questões ligadas à comunicação estão frequentemente na pauta das áreas de Gestão de Pessoas (interna) e de Marketing (externa): garantir um canal de comunicação eficiente ajuda a empresa a construir e manter seu diferencial competitivo.

> **Vale saber**
>
> **Diferencial competitivo**
>
> É aquilo que faz de uma empresa única no mercado. É um conjunto de atributos que garante seu valor e sua superioridade perante seus concorrentes.

Agora que já sabemos da importância dos processos de comunicação interna e externa, que tal nos aprofundarmos em cada um deles?

4.2 Comunicação interna

São vários os motivos pelos quais uma organização deve investir esforços em sua comunicação interna: ela integra seu público aos objetivos de seu negócio, aproxima funcionários, colaboradores e gestores, viabiliza práticas de gestão de pessoas etc. Para isso, é preciso que ela esteja atenta não só ao conteúdo e ao modo como esse conteúdo se estrutura, mas também aos valores expressos nas ações de comunicação interna. É fundamental que esses valores expressos, objetiva ou subjetivamente, estejam em sintonia com a cultura organizacional, como vimos no capítulo anterior.

Quando nos expressamos nas diversas situações de nossas vidas, deixamos transparecer nossos conhecimentos, nossas crenças, nossa moral, nossos costumes, hábitos etc. Dessa forma, podemos dizer que, quando nos expressamos, nossa cultura se evidencia; e o mesmo acontece nas organizações: quando se expressam, concretizam suas crenças e seus valores. Talvez a diferença esteja no fato de que pessoalmente fazemos isso sem nos darmos conta, sem percebermos que o fazemos, mas o mesmo não pode acontecer em uma organização. Ao se comunicar com seu público interno, é necessário que esteja ciente dos valores que são considerados nesse processo.

Vale saber

Você já ouviu falar em *endomarketing*?

Comunicação interna e *endomarketing* são conceitos muito próximos e tratados de forma bastante similar em muitas organizações. Vale esclarecer que *Endomarketing* refere-se ao grupo de estratégias de marketing voltado para o público interno.

4.2.1 Planejando a comunicação interna

As ações de comunicação interna suportam o planejamento da empresa. Imagine, por exemplo, que uma indústria passa por um momento de expansão e tem a intenção de aumentar sua produção em um curto período de tempo. Nessa situação hipotética, certamente a empresa precisará de maior comprometimento de seus funcionários, seja para produzir mais, seja para apoiar um novo grupo de funcionários que poderá ser contratado. Essa situação demandaria uma forte ação de comunicação interna, de modo que todos estivessem alinhados e compartilhando os objetivos da companhia.

Mas para que essa comunicação seja eficiente, precisa ser muito bem pensada e planejada, além de estar sempre relacionada ao planejamento estratégico e às metas da organização. Esse processo, chamaremos de planejamento de comunicação interna.

> **Vale saber**
>
> **Planejamento de comunicação interna**
>
> Trata-se do planejamento que irá estruturar as mensagens que serão veiculadas internamente a partir das necessidades do público-alvo. Nesse processo, é importante mapear quais as expectativas desse público em relação à organização e ao conteúdo que será veiculado, propondo estratégias assertivas e coerentes. Deve-se buscar o equilíbrio entre as necessidades de comunicação e as expectativas do público em questão.

Cada organização deve encontrar a melhor forma de se planejar. Aqui, apontamos alguns passos que nos parecem fundamentais em qualquer processo de planejamento.

Figura 4.1 Os quatro passos para planejar a comunicação organizacional

Vamos entender melhor cada um desses passos na sequência.

1. Diagnóstico

Neste momento, é preciso conhecer o contexto da companhia e seu cenário atual. Podem-se utilizar pesquisas internas, por exemplo. O importante é que algumas questões sejam respondidas.

- Qual o negócio da organização?
- A organização está passando por um período de crise?
- Há alguma preocupação permeando o público interno (risco de demissão, por exemplo)?

Sempre que possível, é recomendado ouvir funcionários e colaboradores de todos os níveis para compreender suas angústias, seus anseios e, principalmente, como se dá a relação entre eles.

O importante nesta etapa é entender a organização, seu cenário no momento atual e como se dão as relações entre seus funcionários e colaboradores.

2. Definições

Este é o momento no qual o processo de comunicação começará a ser planejado. Agora, será fundamental:

- Definir as possíveis soluções de comunicação;
- Descrever detalhadamente as mensagens que se quer veicular;
- Mapear os públicos;
- Organizar como as mensagens serão veiculadas.

Vale saber

Política de comunicação interna

Muitas empresas optam por definir uma política de comunicação interna. Essa é uma boa estratégia para alinhar a comunicação cotidiana, formalizar o processo e estabelecer os objetivos dessas ações.

Ainda nesta fase será fundamental envolver as lideranças, afinal estas são responsáveis por garantir que as informações sejam disseminadas na íntegra, de forma transparente e imparcial. São raros os processos de comunicação que funcionam sem o envolvimento das lideranças.

Muitas empresas optam por criar os chamados "comitês de comunicação interna", de modo que as ações de comunicação tenham uma espécie de fórum de decisão. Nesse comitê há, normalmente, integrantes de todas as áreas para que todos se sintam e estejam devidamente representados.

Com essas informações em mãos, já é possível elaborar um plano de comunicação.

3. Plano de comunicação

O plano de comunicação interna é o instrumento de gestão de todo esse processo. Para defini-lo, deve-se ter em mente:

a) Definição dos objetivos
   - O que se quer comunicar?
   - Por que essa comunicação é importante?

b) Estratégias de comunicação
   - Quais recursos de comunicação serão utilizados?
   - Como esses recursos serão utilizados?

c) Segmentação do público
   - Quais públicos se deseja atingir?
   - Quais as características fundamentais de cada público?
   - Como se comunicar melhor com cada um desses públicos?

d) Prazos
   - Quando as ações terão início?
   - Até quando as ações acontecerão?
   - Qual o cronograma dessas ações?

e) Resultados esperados
   - O que se espera dessa ação de comunicação?
   - Como os resultados serão medidos?

A seguir, apresentamos uma tabela que poderá auxiliar na elaboração de um plano de comunicação interna.

Quadro 4.1 Modelo de *template* para planejamento de comunicação interna

Objetivo da empresa:			
Objetivo de comunicação:			
Objetivos específicos	Como fazer	O que fazer	Como medir

Evidentemente cada organização tem uma realidade específica, compartilha de uma cultura organizacional igualmente específica, então não há um planejamento que possa ser aplicado a todas elas. Entretanto, acreditamos que essas informações poderão ajudar a pensar na estratégia e a elaborar um plano de comunicação adequado para organizações de diversos segmentos.

4. Avaliação dos resultados

Só conseguimos avaliar o sucesso de uma ação quando ele pode ser medido. Isso também acontece nas ações de comunicação interna. Há, porém, uma dúvida muito comum neste momento: como medir a eficácia das ações de comunicação interna?

A resposta a essa pergunta nos parece relativamente simples: basta comparar seus objetivos iniciais com os resultados obtidos. É "relativamente" simples porque, se os objetivos não tiverem sido muito bem definidos, certamente a dificuldade em compará-los com os resultados será bem grande!

Após confrontar objetivos com resultados, poder-se-á obter a avaliação do processo de comunicação interna. Essa avaliação terá uma série de variáveis que deverão ser consideradas. As ações poderão ter obtido sucesso com os gestores, mas não com os funcionários, por exemplo. Nessa situação, seria necessário rever a estratégia de comunicação e avaliar se há necessidade de uma nova ação, que terá um caráter compensatório, ou seja, vai potencializar os resultados da primeira ação.

> **Vale saber**
>
> **SMART**
>
> Para que os objetivos sejam adequadamente definidos, sugerimos que eles sejam "SMART":
>
> | S | *Specific* (Específico) |
> |---|---|
> | M | *Measurable* (Mensurável) |
> | A | *Attainable* (Atingível) |
> | R | *Realistic* (Realista) |
> | T | *Timely* (Em Tempo, que tenha um prazo para ser alcançado) |
>
> Os objetivos precisam ser claros e bem definidos. Devem ser desafiadores, mas realizáveis, a fim de estimular o empregado a atingi-los. Além disso, o atingimento dos objetivos deve ser passível de verificação, com prazo para ser alcançado.

E sempre vale lembrar: avaliação nunca é um fim em si mesma! Ela deverá ser utilizada como insumo para novas ações de comunicação interna. As questões abaixo poderão ajudar a definir se suas ações de comunicação interna obtiveram ou não sucesso.

1. Todos os objetivos foram atendidos?
2. Qual o impacto das ações?
3. A estratégia de comunicação foi eficiente?
4. Todos os públicos foram atendidos?
5. As ações foram cumpridas nos prazos propostos?
6. Os resultados ficaram em sintonia com os objetivos?

4.2.2 Comunicação interna: como fazer?

No tópico anterior apresentamos uma proposta de planejamento das ações de comunicação interna no intuito de ter uma visão holística do processo. Agora vamos prosseguir apresentando como essas ações se concretizam, ou seja, como elas saem do mundo das ideias e se tornam realidade.

Você se lembra de que começamos este capítulo falando que a comunicação pode ser uma flecha que atinge um alvo que o arqueiro não queria? Na nossa vida pessoal são várias as razões pelas quais o processo de comunicação pode ocorrer da forma que não gostaríamos. Entretanto, quando isso acontece nas empresas, normalmente deve-se ao fato de se pular a importante fase de planejamento, sobre a qual já falamos.

Para minimizar a possibilidade de ruídos nas empresas, é fundamental que todas as ações de comunicação interna sejam pensadas e planejadas cuidadosamente!

Exercício de aplicação

Suponhamos que você trabalha em uma empresa automobilística e deseja comunicar internamente o lançamento de um novo veículo. Esse veículo ainda não foi divulgado ao mercado e sua estratégia é apresentá-lo previamente ao seu público interno.

Com essa breve explicação, você consegue definir que tipo de linguagem utilizaria para cada público?

	Linguagem
Funcionários	
Gestores	
Executivos	

Apesar das poucas informações sobre os diferentes públicos, é muito provável que você tenha proposto diferentes estratégias no que diz respeito à linguagem considerando cada perfil. Isso acontece porque cada público demanda uma estratégia de comunicação diferenciada.

Além dessa estratégia, há também diferentes formas de se comunicar quando se trata de público interno. Cada organização definirá as formas mais adequadas, sempre considerando sua realidade, sua cultura organizacional, o diagnóstico específico de comunicação e o cenário da empresa no momento em que se encontra. Entretanto, a comunicação interna de uma organização se concretiza, basicamente, de três formas:

1. Ações de relacionamento;
2. Campanhas de comunicação;
3. Canais de comunicação cotidiana.

Que tal falarmos um pouco mais sobre cada um desses tópicos?

1. Ações de relacionamento

São iniciativas utilizadas para promover a integração da equipe e disseminar a cultura de comunicação. As mais comuns são:

Integração

Normalmente acontece quando novos funcionários passam a fazer parte do quadro funcional da empresa. Seus objetivos são facilitar o processo de integração à cultura da empresa, informar e esclarecer possíveis dúvidas sobre a organização. Pode acontecer como palestras, conversas com gestores, manuais, entre diversas outras possibilidades.

Independentemente da forma como a integração acontecerá, consideramos importante que alguns pontos sejam considerados:

- Esclarecer questões ligadas à ética empresarial
  - Há um manual de ética?
  - Como a empresa se posiciona em relação a questões polêmicas, como contratação de familiares?
  - Quais as principais normas de conduta na organização?
- Explicar o posicionamento no que diz respeito às redes sociais
  - Como o novo funcionário deve se posicionar ao falar sobre a empresa nas redes sociais?
  - É permitido fazer referência à marca ou aos produtos?

- Crise
    - Há um manual de crise?
    - Como a empresa se posiciona em momentos de crise?
    - Quais as orientações para as situações nas quais a imagem da empresa está em risco?

Reuniões

As reuniões são boas para divulgar informações breves, que mudam rapidamente. Podem acontecer dentro de uma mesma área, com diferentes áreas e envolvendo profissionais de diferentes níveis hierárquicos.

Workshops para líderes

Normalmente os *workshops* capacitam os líderes em competências de gestão e comunicação. Também são boas oportunidades para alinhar as estratégias de comunicação da organização e envolver os líderes nesse processo, ratificando a importância de sua participação.

2. Campanhas de comunicação

São campanhas com foco em metas. Seu objetivo é incentivar os funcionários a atingirem a produtividade esperada pela companhia.

Entretanto, essas campanhas não terão muito efeito se não fizerem parte da cultura da empresa. Campanhas esporádicas, que acontecem eventualmente, sem regularidade, não costumam trazer bons resultados.

Portanto, caso você tenha a intenção de utilizar essas campanhas como ação de comunicação interna, preocupe-se com a sustentabilidade desse processo.

3. Canais de comunicação cotidiana

São inúmeras as possibilidades de canais de comunicação no dia a dia da organização. É possível escolher aquele que mais se adapta ao perfil da empresa e até mesmo combiná-los, de modo que seu objetivo seja plenamente atendido.

Hoje em dia, com a popularização das tecnologias, as soluções digitais se tornaram grandes aliadas das áreas de comunicação, sem deixar, no entanto, que as tradicionais comunicações impressas coexistam e façam parte do portfólio de soluções de comunicação da empresa.

3.1 Soluções digitais

Quando se trata de soluções digitais para comunicação, há muitas possibilidades disponíveis atualmente. Vamos enumerar aquelas que as empresas têm utilizado com maior frequência.

Intranet

Trata-se de *websites* internos que disponibilizam informações institucionais, notícias e outras informações sobre a companhia.

Portal corporativo

Além de conteúdos institucionais e notícias, como as tradicionais intranets, os portais corporativos oferecem ferramentas de colaboração e socialização, possibilitando que funcionários de diferentes áreas de negócio possam compartilhar informações da empresa. Esses portais também permitem que sejam ofertados conteúdos específicos para diferentes públicos (Ex.: conteúdos específicos para Recursos Humanos, Marketing, Diretorias etc.).

E-mail marketing

Trata-se de um *e-mail* normalmente dirigido a toda companhia com informações sobre campanhas específicas ou avisos considerados importantes.

Newsletter

É uma espécie de boletim de notícias, que pode ser divulgado considerando os diferentes públicos da organização. O envio regular e periódico de *newsletter* nos parece uma estratégia interessante e produtiva para a comunicação interna.

TV corporativa

Assim como assistir a TV em casa exige menos esforço do que ler um livro, assistir às informações da companhia em uma TV também pode ser uma boa estratégia para garantir a disseminação das informações de forma ágil, dinâmica e abrangente. A empresa pode disponibilizar diferentes aparelhos em posições estratégicas, garantindo que seu público-alvo esteja sempre informado.

Hotsite

Website criado e utilizado para campanhas específicas e pontuais. Sua principal característica é a duração predefinida no tempo: há um momento específico para começar e um momento para terminar.

3.2 Soluções impressas

As soluções impressas são mais tradicionais e ainda muito utilizadas, principalmente nas situações em que funcionários e colaboradores não têm acesso regular a computadores. Assim como fizemos com as soluções digitais, vamos listar aquelas que têm sido utilizadas com maior frequência.

Jornal corporativo

É um veículo que deve ter sua periodicidade previamente estabelecida. Trata-se de um jornal muito parecido com jornais comerciais, mas com informações específicas sobre a empresa e seu negócio. Algumas organizações publicam semanalmente, enquanto outras optam por publicá-lo quinzenal ou mensalmente. O importante é que seja sustentável, ou seja, consiga se manter ao longo de determinado período.

Jornal mural

Apesar do nome, o jornal mural não tem exatamente o formato de um jornal. Trata-se de textos curtos, de leitura rápida que são fixados em locais de grande circulação de funcionários. Vale ressaltar que o jornal mural não é um quadro de avisos, ou seja, não tem apenas o intuito de informar um grupo específico de profissionais. Seu alcance é mais abrangente e deve ser pensado desta forma; afinal, todos que passarem pelo local onde ele foi disponibilizado terão acesso a essas informações.

4.2.3 Cuidados na comunicação interna

A comunicação interna é uma poderosa ferramenta de motivação e alinhamento dentro de uma organização. Entretanto, alguns cuidados são necessários para que essa ferramenta seja utilizada da melhor forma.

Diversidade

As pessoas são naturalmente diferentes entre si em vários aspectos: gênero, raça, nacionalidade, classe social, região de origem, idade etc. Além dessa diversidade, que pode ser mais facilmente identificada, há outras mais profundas, que dizem respeito a valores, personalidade e preferências de trabalho. Todas essas características são importantes e devem ser valorizadas. A comunicação também precisará ser cuidadosa ao estabelecer canais com todos os seus públicos. Diferentes perfis profissionais demandam diferentes formas e estratégias de comunicação.

Estudo de caso

Carlos Augusto tem mais um desafio pela frente: o mercado consumidor de produtos alimentícios industrializados vem crescendo e ele quer aumentar em 15% sua produção investindo na automatização de alguns processos. Seus colaboradores precisam saber suas intenções, afinal eles serão parte integrante e fundamental desse processo.

Da última vez que algo desse tipo aconteceu, os funcionários da PIMISOL ficaram muito apreensivos: ao perceber a chegada de novos equipamentos, começaram a supor que haveria redução no quadro de pessoal, com demissões ou férias coletivas, já que o cenário econômico não andava tão promissor.

Dessa vez, Carlos Augusto não quer dar margem para interpretações equivocadas. Resolveu, então, investir pesado em um plano de comunicação, alinhando toda sua equipe às suas intenções e estratégias.

Mas ele não sabe muito bem por onde começar. Você pode ajudá-lo, orientando-o sobre as quatro principais etapas de um planejamento de comunicação interna.

Então, que tal explicar como se faz esse planejamento?

Diversidade é um tema bastante complexo, mas a atenção a algumas questões poderá minimizar seus impactos no processo de comunicação. Portanto, vale a pena estar atento a:

- Público geral;
- Públicos específicos;
- Idade;
- Nacionalidade;
- Nível de escolaridade;
- Competências.

Observar essas características não vai eximir que seu processo comunicativo possa eventualmente falhar, mas certamente minimizará essa possibilidade.

4.3 Comunicação externa

Se na comunicação interna a empresa se preocupa em manter seu público interno alinhado e informado sobre os rumos da organização, na comunicação externa ela deve se preocupar em manter seus consumidores e a opinião pública devidamente informados. Uma comunicação externa eficiente assegura que as mensagens cheguem corretamente a esse público.

Vale saber

Responsabilidades da comunicação externa

São responsabilidade da comunicação externa as relações com consumidores e com outras empresas, além das ações socioculturais, contato com a imprensa e as relações com o poder público.

Em nosso cenário atual, no qual as informações circulam com grande velocidade, fazendo com que consumidores e opinião pública tenham rápido acesso às informações de qualquer companhia, torna-se fundamental gerenciar essas ações de comunicação de forma adequada e eficiente. Torquato (2002, p. 60) já nos esclarece que "a comunicação externa é a comunicação responsável pelo posicionamento e pela imagem da organização na sociedade. Por isso, seu foco é a opinião pública".

Essa comunicação tem por objetivo criar um canal de diálogo entre a empresa e a sociedade, de modo que seus atos e suas expectativas estejam amplamente divulgados e sejam conhecidos e reconhecidos. Exatamente por esse motivo a comunicação externa está frequentemente na pauta das áreas de marketing das grandes organizações.

Vale saber

Qual imagem sua empresa quer ter?

Você já parou para pensar qual imagem gostaria que a empresa na qual trabalha ou quer trabalhar construísse? Ou como seus consumidores, fornecedores e parceiros deveriam reconhecê-la? Ou ainda como a mídia deveria divulgar sua imagem?

Se ainda não pensou sobre isso, é hora de começar!

A comunicação externa deve preocupar-se em:

- Acompanhar as tendências sociais;
- Relacionar-se com seus *stakeholders*;
- Planejar lançamentos de produtos;
- Planejar eventos e projetos sociais;
- Consolidar a imagem da organização.

Vale saber

Stakeholders

Já falamos sobre *stakeholders* quando conceituamos comunicação empresarial. Então, vamos relembrar: são as pessoas que se relacionam com a organização e que têm interesse em seu negócio. Podem ser acionistas, investidores, políticos, ONGs, entre muitos outros. A palavra é composta dos termos *stake*, que quer dizer "interesse", e *holder*, que significa algo como "aquele que possui", ambas do inglês. Logo, seria algo do tipo "aquele que possui interesse".

Também caberá à comunicação externa:

- Divulgar missão e visão da empresa;
- Apresentar uma imagem adequada da companhia;
- Enaltecer e reconhecer publicamente os sucessos da organização.

Assim como falamos na comunicação interna, nesse caso também é fundamental compreender cada público, suas características e seus interesses. A forma como uma empresa se relaciona com o governo local, por exemplo, é bem diferente da forma como irá se relacionar com seus consumidores. Entretanto, independentemente do público, a imagem e a identidade da organização devem ser sempre as mesmas. Faveiro (2004, p. 57) já nos alerta que a imagem de uma organização é "a opinião que se forma na mente dos consumidores reais ou potenciais dos produtos ou serviços de uma organização e nos participantes da sua atividade".

Tal qual explicitamos ao tratar de comunicação interna, na comunicação externa também é fundamental um planejamento cuidadoso e minucioso.

4.3.1 Planejando a comunicação externa

O primeiro passo para estabelecer esse canal de diálogo com o público externo é planejar as ações de comunicação, de modo que os esforços possam convergir para os resultados desejados.

Um bom plano de comunicação inclui, no mínimo:

- O público-alvo;
- As mensagens que se deseja veicular;
- O veículo de comunicação;
- O momento em que cada mensagem deverá ser veiculada;
- Os resultados desejados.

E todo esse trabalho começa com o diagnóstico, ou seja, a identificação das questões que vão gerar essa necessidade de comunicação.

1. Diagnóstico

Conhecer profundamente a companhia é fundamental. Também é interessante saber como o público externo enxerga sua empresa. Para tal, podem-se utilizar pesquisas de mercado, por exemplo. O importante é ter em mente as seguintes informações:

- Qual o negócio da organização?
- Qual a sua missão?
- Qual a sua visão?
- Há mensagens importantes a veicular?
- Que mensagens são essas?
- Há alguma questão específica que possa ser apoiada pela comunicação externa?

Se for possível, ouça seu público externo e veja como ele percebe sua empresa. Essa é uma ótima forma de ser assertivo no processo de comunicação.

Nesta etapa, o importante é entender a organização e suas necessidades de comunicação.

2. Definições

Nesse momento começará a ser planejado o processo de comunicação externa. A partir da compreensão do negócio da organização, suas missão e visão e as necessidades de comunicação, você precisará:

- Definir as melhores soluções de comunicação;
- Mapear seus públicos;
- Descrever detalhadamente qual mensagem será veiculada para cada público;
- Estruturar como essas mensagens serão transmitidas.

É também nesse momento que serão identificadas as áreas da empresa que estarão envolvidas no processo de comunicação. Se a ideia é falar sobre um novo produto, por exemplo, será fundamental a participação das áreas de produção, de modo que não haja inconsistências na mensagem veiculada.

Em comunicação externa, as validações serão fundamentais. Isso pode parecer um pouco burocrático no começo, pois muitas áreas precisarão dar seu "aval" para que as mensagens possam começar a ser veiculadas, mas essa aprovação é fundamental. Continuando com o exemplo de uma empresa que quer comunicar o lançamento de um novo produto, imagine, por exemplo, que você informa uma característica incorreta desse produto. Seria certamente um grande problema!

Então, por mais burocrático que possa parecer, sempre valide as mensagens com todas as áreas envolvidas, registrando o "aval" de todas elas para que a comunicação aconteça!

Vale saber

Aprovação

Tem a ver com consentimento, concordância. Quando sua comunicação é aprovada por outro departamento, significa que esse departamento está de acordo com sua mensagem, que não há inconsistências e que ela está liberada para ser veiculada.

3. Plano de comunicação

Todo processo de comunicação exige um planejamento. Já falamos sobre isso quando apresentamos o processo de comunicação interna. Quando as ações são externas, esse plano também é fundamental!

Como instrumento de gestão do processo de comunicação externa, esse plano deve contemplar:

a. Definição dos objetivos
   – O que se quer comunicar?
   – Qual a relevância dessa comunicação?
b. Estratégias de comunicação
   – Quais meios de comunicação serão utilizados?
   – Como esses meios de comunicação se relacionam entre si?

c. Segmentação do público
   - Qual será seu público-alvo (governo, imprensa, consumidor)?
   - Quais as características de cada público?
   - Quais os melhores meios para se comunicar com cada público?
d. Prazos
   - Quando as ações terão início?
   - Serão ações duradouras ou há data específica para o término?
   - Qual o cronograma das ações de comunicação?
e. Resultados esperados
   - O que se espera dessa ação?
   - Como os resultados serão avaliados?

A seguir, propomos uma tabela que poderá ajudar na elaboração do plano de comunicação externa.

Quadro 4.2   Modelo para planejamento da comunicação externa

Objetivo da empresa:			
Objetivo da comunicação:			
Objetivos específicos	Como fazer	O que fazer	Como medir

Você deve ter percebido as semelhanças entre essa tabela e a que propusemos para a comunicação interna. De fato, o planejamento do processo de comunicação é muito semelhante: você avalia com quem vai se comunicar, o que quer dizer, como vai fazê-lo e quais resultados espera. Simples, não?

4. Avaliação dos resultados

Já dissemos que só podemos falar em sucesso quando as ações podem ser medidas, certo? O mesmo acontece neste momento. Para avaliar se suas ações de comunicação externa tiveram ou não sucesso, é necessário que elas sejam medidas e comparadas com seus objetivos iniciais. Nesse momento, considere:

1. Seus objetivos foram atingidos?
2. O impacto dessas ações agregou positivamente às estratégias da companhia?
3. Sua estratégia foi eficiente para todos os públicos?
4. O cronograma foi cumprido?
5. Os resultados foram os que você esperava?

Podemos resumir de um modo bastante simples: se seus objetivos foram atingidos ou superados, seu processo de comunicação foi um sucesso!

Entretanto, seus objetivos podem não ser atingidos em um primeiro momento. Nesse caso você terá, basicamente, duas opções:

1. Propor ações compensatórias

Trata-se de ações que tentam "compensar" o resultado de um processo de comunicação falho. Voltando ao exemplo do lançamento de um produto, se suas ações estavam voltadas para os meios digitais e não obtiveram sucesso, pode ser que seu público não acesse frequentemente as mídias comunicativas. Nessas situações, poder-se-ia tentar os meios tradicionais de comunicação.

2. Replanejar o processo de comunicação

Você também pode optar por reiniciar seu processo de comunicação. Nesse caso, todas as suas ações deverão ser revistas e replanejadas, de modo que o objetivo almejado consiga ser atingido.

4.3.2 Comunicação externa: como fazer?

Apresentamos uma proposta de planejamento de ações de comunicação interna para que você tivesse uma visão geral do processo. Agora, vamos mostrar como essas ações se realizam, mas já vale alertar que o sucesso do processo de comunicação está na elaboração e no cumprimento de um planejamento minucioso.

Mesmo com poucas informações, acreditamos que suas propostas para os dois públicos citados tenham sido bem diferentes. Isso acontece porque cada perfil de público pressupõe uma estratégia de comunicação diferente, e é papel da área de comunicação se adaptar a cada um deles. Nesse sentido, são quatro as principais preocupações da comunicação externa:

1. Comunicação institucional;
2. Relação com consumidores;
3. Relação com a imprensa;
4. Relação com o governo.

Exercício de aplicação

No tópico anterior, quando falamos de comunicação interna, propusemos que você imaginasse que trabalha em uma empresa automobilística e comunicasse internamente o lançamento de um novo veículo. Façamos esse mesmo exercício, mas agora considerando os públicos externos.

Considerando essa breve explicação, descreva que tipo de linguagem e qual canal de comunicação você privilegiaria para comunicar o lançamento de um novo veículo para o público externo.

	Linguagem	Canal de comunicação
Consumidor		
Revendedores		
Imprensa		

Falemos mais detidamente sobre cada um desses aspectos.

1. Comunicação institucional

Tem a ver com a imagem pública da organização. Seu objetivo é inserir a organização na comunidade. Sua função é expressar os valores, a missão e a visão da companhia. Nas grandes organizações, é função das áreas de assessoria de imprensa, relações públicas e marketing.

2. Relação com consumidores

Relaciona-se a todas as ações voltadas à divulgação de produtos. Normalmente está diretamente ligada às áreas de marketing e tem como objetivos potencializar vendas e aumentar o lucro das empresas. Suas principais atividades são o atendimento ao consumidor, as pesquisas de mercado e as ações de vendas e propaganda.

3. Relação com a imprensa

A imprensa veicula amplamente uma série de informações, e pode mudar a imagem da empresa positiva ou negativamente. A presença da imprensa e a amplitude de suas ações são inquestionáveis. Dessa forma, cabe à comunicação externa garantir boas relações e estar atenta ao modo como a imprensa se relaciona com sua empresa.

4. Relação com o governo

Inserida na sociedade, é papel da organização manter abertos os canais de diálogo com o poder público. Nesse sentido, a comunicação externa deve estar atenta às necessidades de comunicação com entes públicos, estreitando relacionamento e garantindo que as relações sejam produtivas e satisfatórias para ambos os lados.

Agora que você já conhece os públicos pelos quais a comunicação externa se responsabilizará, vamos tentar responder à pergunta que inicia este tópico: como fazer comunicação externa?

São muitas as possibilidades, mas podemos destacar algumas bastante utilizadas por grandes corporações:

1. Jornais e revistas

Com custos relativamente baixos, jornais acabam sendo mais utilizados do que revistas. Além disso, hoje em dia muitos jornais têm versões eletrônicas, agilizando a divulgação de notícias mais urgentes.

Quando uma empresa opta por se comunicar por meio de jornais, é importante lembrar de uma máxima no jornalismo que diz: escrever é a arte de cortar palavras. Com isso, queremos dizer que, muito possivelmente, quanto mais breve for sua comunicação, mais precisa e assertiva ela tenderá a ser.

Outro cuidado importante que vale tanto para jornais quanto para revistas é o projeto gráfico. O aspecto visual é o primeiro que nos chama atenção quando vemos uma mensagem, portanto ser cuidadoso nesse item é fundamental!

2. Produtos de marketing direto

Apesar de já não serem tão utilizados, em momentos específicos podem-se enviar *e-mails* ou cartas para consumidores reais ou potenciais no intuito de estreitar o relacionamento ou apresentar novos produtos. Entretanto, cabe ser cuidadoso nesse tipo de ação. Empresas que "enchem" a caixa de *e-mail* de seus consumidores costumam ser malvistas por parecerem invasivas e impertinentes, fazendo com que suas mensagens sejam excluídas sem ao menos serem lidas. Então, se em algum momento pensar em uma ação de comunicação pessoal como essa, avalie a pertinência de sua mensagem.

3. Produtos de marketing impessoal

Podemos incluir como marketing impessoal todas as formas de propaganda dirigidas para o grande público. Alguns produtos mais impessoais podem ser úteis em determinados momentos. São os casos de folhetos, encartes, cartazes, *outdoors* e *banners*, por exemplo. *Spots* em rádios também podem ser interessantes, dependendo do público que se deseja atingir. Há ainda produtos interativos, como CDs multimídia e demais campanhas publicitárias.

As comunicações com objetivos culturais também costumam ser muito bem-vistas, desde que tenham a seriedade que se espera delas.

4. Internet

A internet tem sido utilizada atualmente como uma poderosa aliada das áreas de comunicação. É um canal bem consolidado que viabiliza a comunicação de uma empresa com seus consumidores e com a sociedade de modo geral, sem intermediários nesse processo. Se for pensada de forma estratégica, ela amplia a visibilidade e as oportunidades de qualquer empresa.

Estudo de caso

Após algumas conversas com profissionais da área de marketing, Carlos Augusto resolveu começar a investir em algumas ações de comunicação externa para dar maior visibilidade dos produtos da PIMISOL.

Ele já sabe que sua primeira missão é definir um plano de comunicação adequado às suas intenções, mas não sabe nem sequer quais as informações básicas que esse plano precisa conter.

Mas você, depois do que leu até aqui, já pode ajudá-lo, certo?

Então vamos lá! Quais são as informações básicas que todo bom plano de comunicação externa precisa ter?

4.4 Comunicação e credibilidade

Praticamente todas as informações transmitidas por uma empresa podem ser checadas quanto à sua veracidade. Entretanto, não é comum alguém ver uma informação e buscar as fontes dela, verificando sua procedência e sua confiabilidade. A maioria das pessoas simplesmente supõe que, se a informação está disponível, ela é verdadeira.

Isso acontece devido a algo que chamamos de credibilidade.

Vale saber

Credibilidade

Dizemos que tem credibilidade aquilo que é crível, ou seja, que tem crédito, confiança. Esse é um adjetivo comum às pessoas; é comum ouvirmos dizer que alguém tem credibilidade querendo dizer que essa pessoa é confiável.

A credibilidade está, então, associada à tradição de falar a verdade e de cumprir aquilo que se promete. Pensando no ambiente organizacional, esse termo também é bastante pertinente. Dizemos que uma empresa tem credibilidade quando ela expressa, de forma transparente, as informações que devem ser de conhecimento dos seus diversos públicos.

É importante perceber que a credibilidade está mais associada aos comportamentos. Dessa forma, para ter credibilidade é necessário que suas ações estejam em sintonia com aquilo que se diz. De nada adiantaria, por exemplo, uma empresa dizer que é sustentável se suas práticas não traduzem esse valor.

Uma organização deve zelar, então, por manter sua credibilidade com os diversos públicos com os quais se relaciona. Os efeitos da perda de credibilidade são sistêmicos, atingindo toda a cadeia de relações de uma companhia. Se um consumidor está descontente e faz sua insatisfação chegar ao conhecimento de outros consumidores, muito possivelmente esses outros também ficarão insatisfeitos, mesmo sem terem passado por nenhuma situação perturbadora. Tomando conhecimento dessa situação, a imprensa pode optar por começar a noticiar esse fato, e assim em diante.

Credibilidade é, então, palavra fundamental para uma organização nos dias de hoje! As áreas de comunicação interna e externa têm papel importante nesse aspecto: construir credibilidade com seus colaboradores e com seu público externo contribui de forma significativa para a sustentação de negócio.

4.5 Construindo credibilidade

A credibilidade é contextual: muitas pessoas são absolutamente confiáveis em sua vida pessoal, mas suas atitudes profissionais são duvidosas.

Você já pediu opiniões sobre seus trabalhos para alguém e essa pessoa sempre te respondeu positivamente? Para ela, seu trabalho estava sempre feito da melhor forma, e você nunca tem nada para melhorar?

Qual a sua credibilidade nessa pessoa? Possivelmente, você não confia integralmente no que ela diz; seu interesse pode ser mais o de agradar você do que propriamente falar a verdade.

Esse exemplo ilustra a melhor forma de construir a credibilidade: falando sempre a verdade! Pode ser que em algum momento a verdade seja mais dura, mais difícil, mas é ela que garante sua confiabilidade e estreita suas relações. Isso é absolutamente válido para uma organização: falar a verdade pode ser uma boa forma de se manter no mercado de forma competitiva, ética e segura.

Não estamos com isso querendo dizer que uma organização deva explicitar todos os seus problemas e suas fragilidades, mas sim que ela sempre avalie como suas principais informações deverão chegar ao seu público.

Entretanto, reafirmamos que falar a verdade, assumindo as responsabilidades advindas desse ato, é a melhor forma de uma empresa se manter confiável.

No próximo capítulo verificaremos como a era digital impactou os processos de comunicação, com foco no ambiente corporativo.

Resumo Executivo

- A eficiência da comunicação organizacional é um importante diferencial competitivo.
- Reputação é o conceito que se faz de uma pessoa ou de uma organização.
- Chamamos de comunicação interna o processo que visa garantir o alinhamento do público interno de uma organização.
- Comunicação externa é aquela que tem por objetivo informar o público externo e cuidar da imagem da organização.
- Diferencial competitivo é o que torna uma empresa única no mercado.
- *Endomarketing* refere-se ao grupo de estratégias de marketing voltadas para o público interno.

- A comunicação interna pode se manifestar por meio de ações de relacionamento, campanhas de comunicação ou canais de comunicação cotidiana.
- A comunicação externa é responsável pelas relações com consumidores, com outras empresas, ações socioculturais, contato com a imprensa e relações com o poder público.
- Cabe à comunicação externa divulgar missão e visão da companhia, apresentar uma imagem adequada e enaltecer publicamente os resultados da organização.
- Todo processo de comunicação deve ser criteriosamente planejado, gerando planos de comunicação.
- Credibilidade é a qualidade que uma pessoa ou uma organização tem de ser confiável.

Teste seu Conhecimento

Hora de verificar o que você aprendeu neste capítulo.

Responda às perguntas abaixo e, em seguida, confira com nossa proposta de resposta ao término do livro.

1. Quais as diferenças entre comunicação interna e comunicação externa?
2. Descreva como os processos de comunicação interna e externa se complementam, potencializando a imagem de uma organização de forma positiva ou negativa.
3. Quais as principais responsabilidades da comunicação interna?
4. Imagine uma empresa de qualquer segmento e descreva um processo eficiente de comunicação externa.
5. Quais aspectos podem aumentar a credibilidade de uma organização?

COMUNICAÇÃO NA ERA DIGITAL

Esperamos que, ao término deste capítulo, você seja capaz de:

- Reconhecer que as tecnologias digitais alteraram o modo como produzimos e disseminamos informação;
- Apontar os impactos das tecnologias nas comunicações interna e externa das organizações;
- Citar como a velocidade das informações impacta o ambiente organizacional;
- Discorrer sobre a noção de trabalho e disponibilidade na cultura digital.

A tecnologia só é tecnologia para quem nasceu antes dela ter sido inventada.
Alan Kay (1940-)

Neste capítulo, falaremos sobre como a chamada "era digital" impactou os processos de comunicação, aprofundando-nos no ambiente corporativo. Antes de começar a falar propriamente sobre a comunicação na era digital, propomos que você reflita sobre três pontos:

- As tecnologias digitais, como computadores e telefones celulares, são capazes de agilizar nossa comunicação?

- Essas mesmas tecnologias podem dificultar nossa comunicação? Em quais circunstâncias?
- Quais as vantagens e desvantagens dos computadores no que diz respeito à comunicação empresarial?

As tecnologias digitais – computadores, telefones celulares, leitores de DVD etc. – mudaram nossas relações tão profundamente que já há diversos estudos que apontam para o surgimento de uma era digital. Podemos entender essa era digital como o período que se inicia na década de 1980 com o advento da microinformática e a possibilidade de conexão entre os computadores, formando redes que facilitam o compartilhamento de informações. No ambiente corporativo, a grande diferença desse período, quando comparado a outros pelos quais o mundo passou, está no fato de que nosso trabalho já não acontece mais da forma mecânica como acontecia. O conhecimento torna-se mais importante e marca definitivamente a nossa sociedade, passando-se a valorizá-lo em detrimento da capacidade física de um indivíduo.

Alguns estudos apontam para as mudanças sociais da era da informação e, mais especificamente, para as mudanças humanas que ela provoca nas pessoas. No mundo do trabalho, a capacidade criativa passa a ser mais importante e, desse ponto de vista, trabalhar mais nem sempre significa trabalhar melhor.

Mas que tal falarmos um pouco mais desse novo momento que estamos vivenciando?

5.1 A era digital

As últimas décadas mudaram drasticamente a forma como nos relacionamos com os outros e, consequentemente, a forma como nos comunicamos. Pode-se conferir isso facilmente conversando com uma pessoa que tenha vivido sua juventude antes dos anos 1980. Naquela época não contávamos com recursos como a internet nem com aparatos como computadores, celulares e *tablets*, tão comuns no nosso dia a dia. Essas tecnologias, conhecidas como tecnologias digitais, modificaram o modo como as pessoas interagem.

> **Para pensar**
>
> **Tecnologias digitais**
>
> Você já parou para pensar como seria sua vida sem telefone celular e sem internet? Como seria não poder se comunicar instantaneamente como fazemos hoje? Ou não enviar mensagens tão rapidamente com *e-mails*?
>
> Pensar nisso pode ajudar a entender a importância das tecnologias digitais nas nossas vidas e nas organizações.

As tecnologias digitais ganharam um grande impulso a partir da década de 1990. Elas não surgiram exatamente nesse período; sua utilização como suporte para processos de comunicação é um pouco mais antiga: registros evidenciam que elas começaram a ser utilizadas para esse fim a partir da década de 1960, época na qual a Guerra Fria e as tensas relações que se estabeleciam entre os Estados Unidos e a União Soviética impunham a necessidade de processos de comunicação mais ágeis e dinâmicos, capazes de proteger informações consideradas sigilosas durante o período de conflitos.

Sem nos aprofundarmos nessa história, é importante notar que, em um primeiro momento, o uso das tecnologias digitais como suporte para processos de comunicação e troca de informações estava restrito ao âmbito militar, dada a necessidade que se apresentava naquele contexto. A sua utilização era, dessa forma, uma necessidade!

> **Vale saber**
>
> **Tecnologias de Informação e Comunicação**
>
> Trata-se dos aparatos tecnológicos que possibilitam processos de troca de informações e comunicação mais ágeis. Também são conhecidas pelas siglas TIC ou TICs.

Entretanto, a partir da década de 1990 começamos a observar uma significativa expansão na utilização dessas tecnologias, principalmente as voltadas para informação e comunicação, provocando mudanças importantes na forma como as pessoas se comunicam, produzem e disseminam informações.

Essas mudanças na forma como nos relacionamos são tão importantes que alguns autores falam que vivemos em uma "cultura digital". Com isso, quer-se dizer que a facilidade de nos comunicarmos transformou drasticamente aspectos importantes da nossa cultura.

Se entendermos que essas tecnologias mudaram nossa cultura, compreenderemos que elas também mudaram as relações que acontecem no interior das organizações, o que é nosso principal interesse neste capítulo.

5.2 Tecnologia digital e comunicação empresarial

> *A máquina não isola o homem dos grandes problemas da natureza, mas insere-o mais profundamente neles.*
>
> Antoine de Saint-Exupéry (1900-1944)

Já dissemos que a intensificação das TICs trouxe importantes mudanças sociais, dada sua capacidade de conectar pessoas e proporcionar interações a partir de diferentes pontos geográficos, alterando o modo como elas interagem. Essas mudanças estão sinalizadas em estudos que relacionam tecnologias digitais e sociedade. Castells (2011) vê essa conectividade como possibilidade de mudar o caráter da comunicação humana. Já Lemos (2003) sinaliza que a convergência das telecomunicações com a informática alterou as relações entre a sociedade e a cultura.

Sem dúvida, a facilidade de comunicação e de acesso vem modificando o modo como nos relacionamos. Nas organizações, esse aspecto é facilmente percebido: se você trabalha em uma empresa, observe como as pessoas trocam informações no dia a dia. Perceba que são poucas as informações transmitidas em reuniões presenciais, por exemplo. As informações são, normalmente, disponibilizadas por *e-mail* ou por meio de recursos digitais, como intranet ou TV corporativa, por exemplo. Esse fato permite que reuniões presenciais sejam utilizadas para aspectos nos quais a interação presencial é realmente fundamental, como nos casos em que se precisam discutir aspectos que demandam opiniões ou que podem gerar dúvidas. As tecnologias digitais são, sem dúvida, grandes parceiras dos processos de comunicação interna e externa das organizações.

5.2.1 Tecnologias digitais e comunicação interna

Uma organização pode ter muitos ganhos quando consegue integrar as tecnologias digitais aos seus processos de comunicação interna, já que torna mais fácil que os colaboradores se manifestem e apresentem opiniões sobre os rumos da empresa. Intranet, portal corporativo, *newsletter*, *hotsite*... São muitas as possibilidades abertas pelas tecnologias digitais para a comunicação interna, permitindo o compartilhamento de informações, acesso a dados importantes, conversas virtuais etc.

O que consideramos importante, porém, é que essas ferramentas sejam estruturadas de forma simples, intuitiva e atraente, de modo que o maior número de colaboradores possa participar. Imagine, por exemplo, que uma empresa deseja criar uma ouvidoria virtual, mas utiliza um *website* de difícil manuseio, que demanda grande conhecimento de informática. É provável que haja colaboradores que queiram utilizar esse canal de comunicação, mas não o façam por desconhecimento da ferramenta proposta.

> **Vale saber**
>
> **Ouvidoria**
>
> Grandes organizações costumam ter uma área de Ouvidoria, responsável por "ouvir" queixas de funcionários sobre processos, procedimentos e conduta inadequada de gestores. Normalmente esses canais de comunicação são sigilosos, não exigindo, portanto, que os colaboradores se identifiquem.

A utilização das tecnologias digitais traz importantes ganhos para a comunicação interna. Vamos conhecer alguns deles.

1. Criação de canais de comunicação oficial

Ao se comunicar por canais oficiais, a organização diminui as possibilidades de desinformação e evita que assuntos mais delicados acabem se transformando em boatos infundados, já que um canal oficial de informações está à disposição de todos.

2. Disseminação de cultura

As tecnologias digitais ajudam na criação de uma unidade para a organização, pois sua identidade poderá chegar a todos os colaboradores de modo bastante similar.

3. Otimização de tempo

Encontrar informações disponíveis em meios oficiais reduz o tempo que os colaboradores gastam procurando-as. Além de diminuir o tempo, torna suas vidas mais fáceis a partir do momento em que há um local específico para consulta de informações.

4. Incentivo ao comportamento colaborativo

Se utilizadas de forma adequada, as tecnologias digitais permitem que ideias possam ser compartilhadas, inspirando os projetos da organização. Além disso, os profissionais podem se ajudar mutuamente na resolução de problemas de diversos tipos.

5. Melhoria no clima organizacional

Por possibilitar a criação de canais oficiais, as tecnologias digitais diminuem a possibilidade de falta de informação e de boatos, gerando um clima de trabalho mais adequado e agradável.

As tecnologias digitais ainda podem ajudar a comunicação interna de uma empresa em muitos outros aspectos. Será que você consegue listar mais alguns?

5.2.2 Tecnologias digitais e comunicação externa

Além de aperfeiçoar os processos de comunicação interna, uma organização também pode ganhar quando consegue integrar as tecnologias digitais aos seus processos de comunicação externa. É possível, por exemplo, disponibilizar as informações da companhia para todos os *stakeholders* de forma rápida, fácil e com baixo custo.

Vejamos alguns ganhos que as tecnologias digitais trazem para a comunicação externa de uma organização:

1. Comunicação institucional

É possível, por meio das tecnologias, disseminar e otimizar a imagem pública da organização. Pode-se, por exemplo, tornar públicas informações como visão, missão e valores, alinhando o público externo às estratégias da companhia.

2. Relação com consumidores

As tecnologias também permitem que sejam estreitadas as relações com os consumidores por meio de *websites*, *hotsites*, aplicativos para telefonia móvel etc., tornando públicas suas marcas, ofertas e campanhas.

3. Relação com a imprensa

Hoje em dia são muito comuns os *websites* para registro de reclamações contra as empresas. Além de permitirem que os consumidores se manifestem, esses recursos também permitem que a empresa manifeste-se com muita agilidade, aproveitando uma situação inicialmente negativa, como uma reclamação, para transformá-la em um aspecto positivo e melhorar sua imagem junto à imprensa e ao público em geral.

Assim como na comunicação interna, as tecnologias digitais também podem trazer muitos benefícios para a comunicação externa de uma organização. Será que você consegue pensar em mais algum?

5.3 Mídias sociais e comunicação empresarial

Um aspecto importante trazido pela era digital são as mídias sociais. Presentes nas nossas vidas através de Facebook, LinkedIn, Twitter, além de tantas outras, essas redes trouxeram relevantes mudanças para a realidade das organizações.

Pesquisas evidenciam que os brasileiros passam aproximadamente oito horas por mês conectados às redes sociais. Esses usuários conectados são também consumidores, que utilizam essas redes para expressar suas satisfações ou insatisfações com produtos e serviços das mais diversas empresas. E é importante ressaltar que as pessoas utilizam as redes para compartilhar informações! Imagine que um consumidor que tem uma visão negativa de sua empresa a divulgue em uma rede social, como o Facebook, por exemplo, e essa informação seja compartilhada muitas vezes. O impacto negativo para a imagem de sua empresa seria bastante grande!

Daí o fato de as grandes empresas colocarem equipes monitorando os comentários que surgem sobre seus produtos e serviços. Se houver alguma crítica, será possível contorná-la o mais cedo possível; assim como, se houver algum elogio, será possível potencializá-lo.

Mas, além de monitorar os comentários, há outro aspecto fundamental: empresas conectadas têm uma imagem melhor junto aos consumidores de hoje em dia. Evidente que, além de estar presente nas redes sociais, é fundamental que a empresa seja útil, divulgando conteúdos importantes, ajudando e orientando seus consumidores.

As mídias sociais permitem que as empresas:

- Divulguem seus produtos;
- Realizem campanhas promocionais;
- Acompanhem sua imagem junto aos seus consumidores;
- Observem as tendências do mercado;
- Conheçam seus clientes;
- Fidelizem seus clientes;
- Envolvam seu público-alvo de acordo com suas intenções.

5.4 Velocidade da comunicação na era digital

Um dos principais aspectos considerados quando falamos da comunicação na era digital é sua velocidade. De fato, a partir da década de 1990 o processo de troca de informações ficou mais ágil e dinâmico. Pierre Lévy fazia o caminho oposto, dizendo que a velocidade é responsável pela virtualização, e não o contrário. Para ele, a "invenção de novas velocidades é o primeiro grau da virtualização" (LÉVY, 1996, p. 23).

Seus estudos são muito importantes para entendermos como as tecnologias digitais impactaram nossa cultura e, consequentemente, as relações que acontecem dentro das organizações. Lévy nos mostra que passamos a ter uma "unidade de tempo sem unidade de lugar (graças às interações em tempo real por redes eletrônicas, às transmissões ao vivo, aos sistemas de telepresença)" (LÉVY, 1996, p. 21).

Vale saber

Era digital nas organizações

Você consegue imaginar grandes organizações sem tecnologias digitais? Como elas existiriam? Como se comunicariam? Com que velocidade uma informação chegaria de um lugar a outro?

Tentar imaginar como seriam as grandes organizações em um cenário diferente do nosso é bastante interessante para entender como a era digital impacta o meio corporativo.

Tão rápida quanto o surgimento de novas tecnologias é a velocidade que as tecnologias digitais imprimiram ao processo de comunicação nas organizações. Em um passado não muito distante, a comunicação era demasiadamente lenta, se comparada ao processo atual. Entretanto, hoje em dia é muito comum ouvirmos profissionais falarem que a informação circula dentro da empresa em "tempo real", querendo dizer que a velocidade com a qual a informação corre é tão rápida que, no momento em que uma pessoa se expressa, o que é dito é imediatamente percebido pelos demais.

Não há dúvidas de que a era digital tornou a comunicação corporativa mais ágil e dinâmica. A velocidade com a qual as empresas se comunicam traz muitos aspectos positivos, entre os quais podemos destacar:

1. Prazos de negociação reduzidos

Como as informações circulam mais rapidamente, é possível reduzir os prazos de negociação nas organizações. Fornecedores e clientes, por exemplo, podem fechar negócios em um período de tempo bastante curto.

2. Agilidade na interação

Imagine, por exemplo, que você trabalha em uma área administrativa e precisa de informações de um colaborador que está alocado em outro estado, às vezes em outro país. Hoje em dia, você pode conseguir essas informações muito rapidamente.

3. Aumento no volume de operações

Como as negociações são mais rápidas, os profissionais têm mais tempo para investir em novas negociações, aumentando o volume de operações e trazendo muitos ganhos para as empresas.

Entretanto, também é preciso refletir sobre os aspectos negativos trazidos pela velocidade das informações. Como todos os processos passaram a circular mais rápido nas empresas, é preciso estar sempre atento à qualidade, já que ela pode ficar comprometida se não for bem monitorada. Mas, além da qualidade, há outras questões que merecem atenção quando pensamos na velocidade com a qual as informações circulam nas organizações:

1. Esquecimento de aspectos importantes da tarefa

Com prazos de entrega cada vez mais reduzidos, é comum que aspectos importantes das tarefas que são designadas aos profissionais sejam esquecidos. Se nas atividades do dia a dia isso já seria um grande problema, imagine em projetos importantes que estejam sendo conduzidos na empresa?

2. Dispersão

Também é frequente que os profissionais acabem se dispersando, não se concentrando na atividade ou no problema que precisa ser solucionado. Muitas vezes, o mesmo profissional é responsável por inúmeras atividades; então, é aconselhável que se concentre em uma por vez, de modo que sua atenção esteja integralmente dedicada à atividade que está desempenhando em um dado momento.

3. Impulsividade

Mais um aspecto comum gerado pela rapidez na execução dos trabalhos é a impulsividade. Ela faz com que não analisemos adequadamente as demandas que recebemos, precipitando-nos nas respostas. Muitas vezes, se não tivéssemos a pressão do tempo, nossas tarefas seriam mais bem desempenhadas. Por isso, vale a pena ficar atento e administrar essa impulsividade, de modo que ela não traga problemas à execução das tarefas na empresa.

4. Cansaços físico e mental

Também cabe lembrar que a pressa e as cobranças por prazo causam cansaços físico e mental nos colaboradores. Por isso, mesmo sob a pressão de resultados cada vez mais rápidos, é importante estarmos atentos ao potencial e aos limites de cada pessoa com a qual trabalhamos.

5. Trabalhos superficiais

Este é um aspecto típico da nossa sociedade. Como os prazos estão cada vez mais curtos, é comum que sejam apresentados trabalhos superficiais, sem o aprofundamento necessário. Imagine que um profissional da área de Recursos Humanos é incumbido de mapear o clima organizacional da empresa. Essa é uma atividade que demanda tempo, reflexão, conhecimento da cultura organizacional, contato com profissionais de diversas áreas... Seriam tantas as atribuições desse profissional que demandariam tempo. Nesse exemplo, seria aconselhável elaborar um cronograma detalhado e apresentá-lo ao gestor, de modo que o trabalho pudesse transcorrer da melhor forma possível no período de tempo necessário. Mas utilizar um cronograma não é útil apenas nas situações em que precisamos dar visibilidade ao tempo necessário para a execução de uma atividade, ele é útil em muitas outras situações!

> **Vale saber**
>
> **Cronograma**
>
> Trata-se de uma ferramenta muito vantajosa para planejar e controlar as atividades de um projeto. Nele, são definidas informações importantes, como data de início da atividade, data de término, responsável etc. Há muitos *softwares* específicos para elaboração de cronogramas, mas você pode montar um apenas com um papel e uma caneta. A seguir apresentamos um modelo bastante simples e útil de cronograma:
>
> | Atividade | Data de início | Data de término | Responsável |
> |---|---|---|---|
> | Gerar lista de colaboradores da empresa | 01/01/2015 | 01/03/2015 | José |
> | Cadastrar os colaboradores no sistema | 02/03/2015 | 01/04/2015 | Maria |

Além da velocidade que a era digital traz para as empresas, há outro aspecto que precisa ser considerado: a disponibilidade dos profissionais para a execução de suas atividades.

5.5 Era digital, trabalho e disponibilidade

O fato de estarmos o tempo todo conectados gera, nas organizações, a sensação de que seus colaboradores estão o tempo todo disponíveis para a empresa. Esse fato precisa ser analisado e avaliado com bastante critério, pois, se por um lado essa disponibilidade pode ser bastante positiva, por outro ela pode ser extremamente desmotivadora.

Comecemos pensando na área de suporte à informática de uma empresa de telecomunicações. Ter colaboradores disponíveis o tempo todo é fundamental, afinal problemas não têm hora para acontecer. Então, nesse caso, se houver um problema que demande atenção imediata, é importante que a comunicação com esse profissional aconteça rapidamente. Entretanto, é fundamental que ele esteja alinhado sobre os horários nos quais deverá estar disponível, de modo que possa se programar e ajustar sua vida pessoal e profissional. Se essa programação não acontece de forma adequada e a empresa supõe que seu colaborador está integralmente disponível, há um problema a ser resolvido!

A era digital e a facilidade com a qual estamos conectados pressupõem acordos entre colaboradores e empresa, de modo que essa relação seja ética e produtiva para ambos. Os gestores devem estar atentos e controlar da melhor forma essa sensação de disponibilidade integral de seus colaboradores. As noções de comunicação síncrona e assíncrona são valiosas nesse momento.

> **Vale saber**
>
> **Comunicações síncrona e assíncrona**
>
> Dizemos que uma comunicação é síncrona quando ela acontece em tempo real. É o caso das ligações por telefone ou dos *chats*, nos quais a interação entre emissor e receptor acontece no mesmo momento. Já a comunicação assíncrona é aquela na qual o emissor envia uma mensagem que pode ser recebida a qualquer momento, como nos casos dos *e-mails* e das cartas.

As ideias de comunicação síncrona e assíncrona podem ser úteis neste momento porque, caso a mensagem não seja extremamente urgente e possa aguardar o tempo necessário para que o receptor tenha acesso a ela, podem-se utilizar os recursos assíncronos, como o *e-mail*. Então, se você precisar de uma informação urgente, pode ligar para a pessoa que deve lhe passar essa informação; mas, se não for absolutamente imprescindível e estiver em um momento inadequado, como um final de semana, envie um *e-mail*. É mais simples e mais cortês, além de absolutamente adequado nesse caso.

No livro *Present shock: when everything happens now* ("Choque do presente: quando tudo acontece agora", em tradução livre), de 2013, Douglas Rushkoff nos mostra como as tecnologias da era digital foram progressivamente acabando com os prazos para a execução das tarefas. Para ele, a ideia do tempo necessário à execução das atividades se transformou drasticamente, criando uma constante sensação de urgência.

Essa sensação pode ser percebida nas organizações, que frequentemente têm metas muito arrojadas, com prazos bastante curtos.

Cabe-nos sempre refletir sobre os benefícios que a era digital traz para as organizações e, especificamente, para os processos de comunicação no âmbito corporativo. Mas também é importante estarmos atentos à forma como utilizamos esses recursos, de modo que sejam sempre produtivos e eficazes.

No âmbito das organizações, um ator indispensável no processo de comunicação é o líder. Quer seja utilizando recursos digitais, quer seja presencialmente, cabe ao gestor um papel importantíssimo no processo de comunicação. Vamos falar sobre isso no próximo capítulo.

Estudo de caso

Sabendo de todas as vantagens que as tecnologias digitais trouxeram para o ambiente corporativo, Carlos Augusto resolveu começar a disponibilizar alguns produtos de comunicação com base em tecnologia na PIMISOL.

A partir de suas pesquisas, ele já sabe que há produtos específicos para a comunicação interna e para a comunicação externa, mas ainda não decidiu exatamente por quais vai começar. Depois de ler este capítulo, você já consegue ajudar Carlos Augusto a fazer essas escolhas? Lembre-se de que, para começar uma implementação desse tipo de recurso, é preciso considerar o ramo de negócio da empresa, sua experiência com tecnologias e as facilidades/dificuldades de implementação.

Então, mãos à obra!

Resumo Executivo

- A era digital mudou drasticamente a forma como nos comunicamos.
- A partir da década de 1990 houve uma significativa expansão na utilização das tecnologias digitais, principalmente as voltadas para informação e comunicação.

- Chamamos de tecnologias de informação e comunicação os aparatos tecnológicos que possibilitam trocas de informações e comunicação de forma mais ágil e dinâmica.
- Cultura digital é um conceito utilizado por alguns autores para retratar nossa sociedade, imersa em tecnologias de informação e comunicação.
- As tecnologias digitais trazem diversos ganhos para a comunicação interna, como a criação de canais de comunicação oficial, a disseminação de cultura, a otimização de tempo, o incentivo ao comportamento colaborativo e a melhoria no clima organizacional.
- As tecnologias digitais também trazem ganhos à comunicação externa, como uma melhor comunicação institucional, facilidade na relação com consumidores, melhoria na relação com a imprensa.
- As tecnologias digitais imprimiram maior velocidade ao processo de comunicação, especialmente nas organizações.
- Entre os benefícios trazidos pela velocidade da era digital nas comunicações, destacamos os prazos de negociação reduzidos, a agilidade na interação e o aumento no volume de operações.
- Entre os problemas que essa velocidade traz, destacamos o esquecimento de aspectos importantes das tarefas, a dispersão, a execução de trabalhos superficiais, a impulsividade e os cansaços físico e mental.
- A era digital faz com que estejamos o tempo todo conectados, gerando nas organizações a sensação de que seus colaboradores estão o tempo todo disponíveis para a empresa.

Teste seu Conhecimento

Vamos checar o que aprendemos neste capítulo?

Responda aos questionamentos abaixo de acordo com sua leitura. Se tiver dúvidas, retorne e esclareça-as.

1. O que são tecnologias de informação e comunicação?

2. Com base no texto deste capítulo, como você descreveria a cultura digital?
3. Quais os benefícios trazidos pelas tecnologias digitais para os processos de comunicação interna e externa? Descreva aqueles que julgar mais relevantes.
4. A velocidade que a era digital imprime aos processos organizacionais tem aspectos positivos e negativos. Cite três aspectos negativos, apontando possibilidades para contorná-los.
5. Você acredita que a era digital nos traz a sensação de estarmos sempre conectados? Qual a importância de as organizações estarem atentas a esse aspecto?

COMUNICAÇÃO, LIDERANÇA E PROCESSO DECISÓRIO

Esperamos que, ao término deste capítulo, você seja capaz de:

- Definir liderança, reconhecendo seus tipos e suas relações com a comunicação e com a tomada de decisões;
- Identificar as mudanças do conceito de liderança ao longo do tempo e seu impacto no processo comunicacional;
- Identificar as fases de um processo decisório;
- Reconhecer a existência de conflitos no âmbito organizacional e identificar o papel do líder e a forma de comunicação adequada;
- Selecionar o modelo de liderança mais adequado, considerando a situação e a cultura organizacional.

> *Lembro-me sempre do axioma do regente: um líder, dizia ele, é como um pastor. Fica atrás do rebanho, deixando os mais rápidos irem à frente, seguindo depois os outros, não percebendo que durante o tempo todo estão a ser dirigidos da retaguarda.*
>
> Nelson Mandela (1918-2013)

O texto que inicia este capítulo pertence a um dos maiores líderes que o mundo já conheceu: Nelson Mandela. Com uma rica história de superação, Madiba – como é conhecido na África do Sul – nos deixou preciosos ensinamentos sobre liderança, como o que reproduzimos aqui. A partir da leitura desse fragmento, gostaríamos de propor algumas reflexões:

- Qual a importância de um líder para uma organização?
- Como a comunicação empresarial apoia o processo de liderança nas empresas?
- Você acredita que pode haver liderança sem comunicação?
- Como a comunicação pode ajudar o líder na tomada de decisões?

Até este momento tratamos o tema comunicação nos seus diversos aspectos. Agora vamos falar um pouco sobre liderança, comunicação e processo decisório. Que tal começarmos falando sobre liderança?

6.1 Liderança: principais conceitos e teorias

Muito se fala sobre o tema liderança, dada sua importância para as organizações. Mas o que é liderança? Liderança é o processo de exercer influência sobre uma pessoa ou grupo de pessoas a fim de conseguir a realização de um objetivo em determinada situação. A comunicação é uma ferramenta importante nesse processo de influenciar.

Segundo Motta (2000, p. 206):

> *A capacidade que um indivíduo possui de influenciar alguém ou um grupo de pessoas significa uma força psicológica, onde um age de modo a modificar o comportamento de outro de modo intencional; essa influência envolve poder e autoridade, alterando assim o modo de agir do influenciado.*

Para Robbins (2005), a liderança é a capacidade de influenciar um grupo em direção ao alcance de determinado objetivo. Pode ser formal, quando conferida por uma posição formal em uma estrutura organizacional, como, por exemplo, a do chefe sobre o subordinado; ou informal, normalmente derivada de características pessoais e/ou competências técnicas da pessoa.

Existem três abordagens principais para explicar o que torna um líder eficaz: a primeira estabelece traços de personalidade universais que os líderes apresentam em uma frequência maior que os não líderes (teoria dos traços). A segunda explica a liderança em termos de comportamento (teorias comportamentais), e a terceira aborda modelos contingenciais (teorias contingenciais), nos quais a situação em que o líder se encontra é um fator decisivo na forma como ele lidera.

Na sequência, apresentaremos detalhes sobre as citadas abordagens.

6.1.1 Teoria dos traços

Esta teoria defende que a liderança tem como base uma combinação de traços, características pessoais e qualidades intrínsecas das pessoas. Um líder já nasce líder e não existem treinamentos ou técnicas que possam desenvolver uma pessoa e transformá-la em um.

Um traço é uma qualidade ou característica da personalidade. Segundo esta teoria, o líder é aquele que possui alguns traços específicos de personalidade que o distinguem dos demais, por meio dos quais pode influenciar o comportamento dos outros.

Os traços mais comumente apontados foram os seguintes (Figura 6.1):

Figura 6.1 Traços dos líderes

Contudo, o fato de alguém apresentar determinados traços e ser considerado um líder pelos demais não significa, necessariamente, que seja bem-sucedido em liderar seu grupo para o alcance dos objetivos (ROBBINS, 2005). Essa abordagem não teve sucesso para explicar a liderança, pois ignorou fatores situacionais, contingenciais e ambientais.

Esta teoria predominou até a década de 1940, quando outros estudos procuraram enfatizar o comportamento do líder diante de uma situação. O próximo conjunto de teorias buscou estudar a liderança considerando o comportamento dos líderes.

Exercício de aplicação

Características de liderança

Você possui alguma lembrança sobre características de líderes que impactaram positivamente sua vida? Pode ser em algum esporte que praticou, colégio, estágio, emprego, enfim em qualquer atividade em que alguém tenha atuado como um líder em um grupo do qual você fez parte. Quais características desse líder você acha que estão relacionadas ao sucesso dele ao liderá-lo?

6.1.2 Teorias comportamentais

As teorias comportamentais objetivavam observar o comportamento dos líderes e descobrir se existia algo único ou especial na maneira como agiam. A ideia era descobrir comportamentos críticos para o desempenho de um líder. Os principais estudos foram os da Ohio State University, os da Michigan University e o Grid Gerencial, que serão detalhados na sequência.

6.1.2.1 Estudos da Ohio State University

No final dos anos 1940, estudiosos da Universidade de Ohio tinham como objetivo pesquisar características comportamentais de líderes que pareciam relacionadas a medidas de eficácia de desempenho. Foram criadas duas categorias que respondiam pela maioria dos comportamentos de liderança: a estrutura inicial e a consideração (ROBBINS, 2005).

Ainda segundo o autor, estrutura inicial é a probabilidade de um líder definir e estruturar seu papel e de seus subordinados no atingimento de objetivos. Inclui o comportamento de organização de trabalho, relações de trabalho e metas. Um líder com alta pontuação em estrutura inicial é alguém que designa pessoas para tarefas específicas e que acredita que os padrões definidos e prazos serão obedecidos.

A consideração é a capacidade da pessoa de desenvolver relações profissionais com base em confiança mútua, respeito pelas ideias dos colaboradores e interesse por seus sentimentos. Representa o ambiente de apoio emocional, conforto, amizade e confiança criado pelo líder que demonstra essa preocupação. Um líder com alta pontuação em consideração é alguém que ajuda seus subordinados com problemas pessoais, é amigável e disponível, tratando todos como iguais.

A conclusão final do estudo da Ohio State University foi que o estilo com alta pontuação nas duas categorias geralmente obtinha resultados positivos, mas algumas exceções foram o suficiente para indicar que fatores situacionais deveriam ser considerados também.

6.1.2.2 Estudos da Michigan University

Os estudos da Michigan University eram semelhantes, em termos de objetivos, aos da Ohio State, ou seja, localizar características comportamentais de líderes que estivessem relacionadas a medidas de eficácia de desempenho. Esses estudos também chegaram a duas dimensões de comportamento: orientação para o empregado e para a produção (Quadro 6.1).

Quadro 6.1 Orientações para o empregado e para a produção

Orientação	Explicação
Empregado	Líderes preocupados com as relações interpessoais, tendo interesse pessoal pela necessidade de seus subordinados e aceitando as diferenças entre eles.
Tarefa	Líderes enfatizavam os aspectos técnicos ou de tarefa do cargo, tendo como interesse principal a realização das tarefas. Os membros do grupo são um meio para atingir esse fim.

As conclusões da pesquisa favoreceram os líderes com orientação para o empregado, que foram associados a maior produtividade de grupo e a maior satisfação no trabalho. Já os líderes com orientação para a produção tendiam a ser associados a baixa produtividade em grupo e a uma menor satisfação no trabalho.

Outra abordagem sobre liderança é o Grid Gerencial, que será a seguir apresentado.

6.1.2.3 Grid Gerencial

Robert Blake e Jane Mouton desenvolveram o Grid Gerencial com base em dois estilos: preocupação com pessoas e preocupação com produção, o que representa as dimensões da Ohio State University de consideração e estrutura inicial e as dimensões da Michigan University de orientação para o empregado e para a produção. No Quadro 6.2 apresentamos os estilos de liderança identificados por cada teoria.

Quadro 6.2 Estilos de liderança por categoria

Teoria	Estilos
Ohio State University	• Consideração • Estrutura inicial
Grid Gerencial	• Preocupação com pessoas • Preocupação com produção
Michigan University	• Orientação para o empregado • Orientação para a produção

A preocupação com a produção é o direcionamento do líder aos resultados, desempenho, metas e objetivos. A preocupação do líder é medir a qualidade e a quantidade do trabalho de seus colaboradores. Já a preocupação com as pessoas reflete a atitude que o líder tem em relação aos subordinados, seu esforço em estimular, obter a confiança e o respeito, e o empenho em garantir boas condições de trabalho a eles.

O inter-relacionamento entre as duas dimensões do Grid Gerencial expressa o uso de autoridade por um líder. Por exemplo, quando uma alta preocupação com as pessoas se associa a uma baixa preocupação com a produção, o líder deseja que as pessoas se relacionem bem e sejam "felizes", o que difere de uma alta preocupação com as pessoas e também com a produção. No segundo caso, o líder deseja que as pessoas trabalhem de forma produtiva, mas que também procurem colaborar com entusiasmo (BLAKE; MOUTON, 1989).

6.1.3 Teorias contingenciais

À medida que o tema liderança foi sendo estudado, cada vez ficava mais claro que prever o sucesso de um líder era mais complexo do que isolar traços, características ou comportamentos. As abordagens comportamentais não reconheceram o potencial de mudança das situações, do contexto em que o líder atua, o que demanda estilos de liderança diferentes.

Alguns fatores situacionais que impactam a eficácia da liderança, por exemplo, são: grau de estrutura da tarefa, qualidade da relação líder-subordinado, clareza dos papéis, normas do grupo e maturidade dos subordinados.

Algumas abordagens que se destacam nesse contexto são a Teoria Situacional de Hersey e Blanchard e a Teoria Caminho-Objetivo.

6.1.3.1 Teoria situacional de Hersey e Blanchard

Com base em observações sobre a eficácia dos estilos de liderança, Paul Hersey e Kenneth Blanchard, pesquisadores do Center of Leadership Studies, Califórnia, EUA, desenvolveram o modelo da Liderança Situacional, que parte da premissa de que a liderança eficaz é uma função de três variáveis:

- Estilo do líder (L);
- Maturidade do liderado (l); e
- Situação (s).

O comportamento de tarefa relaciona-se à estruturação do trabalho. Quanto mais alto ele for, mais o líder se empenha em planejar, controlar, organizar e dirigir seu subordinado. Quanto mais baixo, mais o líder deixa essas atividades a cargo do subordinado.

O comportamento de relacionamento refere-se ao apoio dado ao subordinado. Quanto mais alto o comportamento de relacionamento, mais o líder se empenha em oferecer apoio socioemocional e canais de comunicação ao empregado.

Hersey e Blanchard apontam para a necessidade de acrescentar uma terceira dimensão a esse modelo, a dimensão da eficácia. O estilo de comportamento deve considerar os requisitos situacionais de um ambiente. O estilo eficaz é aquele apropriado para a situação.

Um ponto importante relacionado à eficácia do comportamento do líder diz respeito à maturidade dos liderados. Para cada tipo de maturidade existe um estilo mais apropriado de liderança. A maturidade é a capacidade e a disposição das pessoas de assumirem a responsabilidade de dirigir seu próprio comportamento.

A capacidade está relacionada ao conhecimento e à habilidade necessários, ou seja, ao aspecto de saber o que fazer e como fazer, o que pode ser facilitado por meio de comunicação e treinamento. Já a disposição relaciona-se com a confiança e o empenho, com o querer fazer, com a motivação.

O estilo de comunicação do líder com sua equipe também deve considerar esses fatores. Não existe uma fórmula única a ser aplicada em todas as situações para todos os liderados.

6.1.3.2 Teoria caminho-objetivo

Uma das abordagens mais respeitadas sobre liderança é a desenvolvida por Robert House. O trabalho do líder ajuda os subordinados a atingirem suas metas e fornecerem direcionamento e apoio necessários para assegurar que os objetivos da organização também sejam alcançados.

O comportamento de um líder é motivacional na medida em que torna a necessidade de satisfação do subordinado contingencial ao desempenho eficaz de suas atividades, fornecendo treinamento, direção, apoio e recompensas necessárias para o desempenho eficaz. House identificou quatro comportamentos de liderança (Quadro 6.3):

Quadro 6.3 Comportamentos de liderança

Líder	Características
Diretivo	É autoritário e deixa os subordinados saberem exatamente o que se espera deles. Programa o trabalho a ser realizado e dá o direcionamento necessário. O subordinado não participa da tomada de decisões.
Apoiador	É amigável, acessível e demonstra interesse pelas necessidades de seus colaboradores.
Participativo	Consulta os subordinados e usa suas sugestões antes de tomar uma decisão.
Orientado para realizações	Determina metas desafiadoras e espera que os subordinados se desempenhem em seu nível mais alto.

Os líderes devem ser flexíveis, ou seja, um mesmo líder pode exibir qualquer um ou todos os comportamentos dependendo da situação em que se encontra.

Da mesma forma, não existe uma melhor forma de se comunicar com os liderados, nenhuma "receita de bolo" a ser seguida, pois os mesmos itens que afetam o estilo de liderança devem ser considerados no momento de escolher a melhor forma de se comunicar com cada grupo e pessoa, em cada momento e situação específicos.

6.2 Liderança, comunicação e tomada de decisão

Pode-se dizer que a tomada de decisão é o processo cognitivo de escolher um plano de ação, entre várias alternativas possíveis, para uma situação-problema. Todo processo decisório produz uma escolha final.

O processo de tomada de decisão é baseado nas seguintes etapas principais (Figura 6.2):

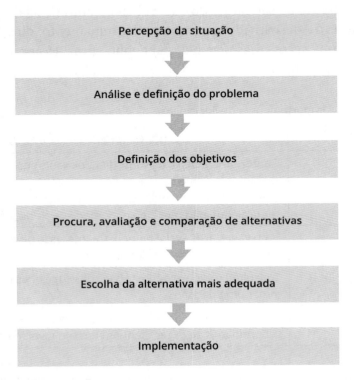

Figura 6.2 Etapas do processo de tomada de decisão

De forma geral, podemos dizer que o processo de decisão inicia-se com a percepção da situação e com o levantamento de dados e fatos relativos ao problema (causas e principais consequências, entre outros). Na sequência, após a identificação do problema, faz-se o levantamento das alternativas possíveis considerando as vantagens e desvantagens de cada uma: compara-se e faz-se uma avaliação do custo/benefício para verificar as possíveis consequências de cada alternativa. É chegado, então, o momento de escolher a melhor alternativa possível, que deverá, ainda, ser implementada e controlada.

Para melhor entender a tomada de decisão, alguns elementos também devem ser considerados, a saber: o tomador de decisão, os objetivos, as preferências, as estratégias, a situação e o resultado. Vamos entender o que cada um desses itens significa:

- Tomador de decisão: é aquele que irá escolher entre as várias alternativas possíveis;
- Objetivos: os objetivos que o decisor pretende alcançar;
- Preferências: critérios que o tomador usa para fazer suas escolhas;
- Estratégias: curso de ação que o tomador de decisão usa para fazer suas escolhas;
- Situação: aspectos do ambiente que influenciam a decisão (e que muitas vezes não podem ser controlados ou plenamente compreendidos);
- Resultado: as consequências da decisão.

Aquele que toma a decisão não é neutro no processo, ou seja, diversos aspectos influenciam seu modo de perceber e interpretar a situação, tais como: aspectos afetivos e cognitivos, personalidade, motivação e raciocínio, para citar apenas alguns deles.

As pessoas e a organização buscam, em geral, a solução satisfatória, não a solução ótima, visto que o tomador de decisão não possui todas as informações que seriam necessárias para tomar uma decisão ótima.

March e Simon (1958), na obra *Teoria das organizações,* apontam, entre outros fatores, a importância de uma rede de comunicações como um dos principais componentes do programa de cada organização.

A estrutura dos canais de informação exerce grande influência sobre os processos decisórios. É o chamado modelo de racionalidade limitada (ou modelo Carnegie), que reconhece a limitação do ser humano em ter acesso e processar cognitivamente todas as opções, bem como a impossibilidade de obter todas as informações e os dados (custo e tempo), pressões afetivas, culturais e jogos de poder. Todo processo de tomada de decisão envolve grande subjetividade.

A tomada de decisão nas organizações requer informações capazes de reduzir a incerteza. A informação é necessária para estruturar uma situação de escolha, em que limites são traçados para delimitar o espaço problemático no qual as soluções serão buscadas, os participantes são identificados e acionados e as influências são exercidas. A forma como um problema é estruturado determina os tipos e o conteúdo das informações que serão necessárias para tomar a decisão. Além disso, a informação é imprescindível para definir preferências e selecionar regras. É importante ainda obter informações sobre alternativas viáveis e suas possíveis consequências. Todas as organizações possuem necessidades informacionais, precisam tomar decisões e, para isso, processam informações.

A capacidade da mente humana, contudo, é limitada por sua capacidade cognitiva, pelo nível de informação que detém e pelos valores pessoais.

As decisões costumam ser divididas em dois tipos, as programadas e as não programadas, tal qual ilustrado pela Figura 6.3:

Programadas	Não programadas
• São repetidas e tomadas automaticamente. • Hábitos, rotinas, manuais de instruções e operações padronizadas são formas de tomar decisões programadas.	• Não existem soluções automáticas. • Exemplo: reagir às alterações em impostos, à entrada de um novo concorrente no mercado, se vale a pena ou não entrar em um novo país.

Figura 6.3 Tipos de decisão

Para lidar com as decisões não programadas, os gerentes devem desenvolver sua capacidade de julgamento, intuição e criatividade para que consigam lidar com a complexidade de modo mais eficiente do que a tendência à simplificação excessiva que caracteriza as decisões programadas. As decisões não programadas são pouco estruturadas, cheias de novidade e possuem natureza complexa. Não existe um método predeterminado para lidar com elas.

Já as decisões programadas são mais rotineiras, com procedimentos e normas já elaborados para sua execução. Tanto as decisões programadas como as não programadas dependem de informações para que possam ser tomadas. Quanto melhor for o processo de comunicação, maior será a qualidade da decisão tomada.

É importante considerar ainda que a decisão ocorre em três níveis nas organizações: no nível estratégico, no tático e no operacional.

As decisões estratégicas são aquelas tomadas em nível institucional. Em outras palavras, são decisões da alta administração que geram atos com efeito duradouro, a partir do planejamento estratégico, como, por exemplo, a criação de uma nova unidade da empresa, a entrada em um novo mercado; enfim, são decisões que envolvem toda a estrutura organizacional, e que são tomadas considerando informações internas e externas. Dependem tanto de uma análise das forças e fraquezas da organização como das oportunidades e ameaças advindas do meio externo que envolve a organização.

As decisões táticas são tomadas no nível intermediário da organização, normalmente relacionadas à alocação e distribuição de recursos da organização, considerando as decisões do nível institucional ou estratégico. As decisões ocorrem no nível gerencial e produzem efeitos de médio prazo e de menor impacto na estratégia da organização, sendo organizadas por unidade departamental, de um negócio ou área funcional da empresa (marketing, recursos humanos, financeira).

Já as decisões operacionais são as relacionadas, ao nível operacional na estrutura organizacional, com aqueles que realizam as tarefas técnicas. São decisões ligadas ao controle e às atividades operacionais para alcançar os padrões de funcionamento preestabelecidos, considerando o planejamento operacional, criando condições para a realização adequada do trabalho diário da organização, com nível de informação que considera detalhes sobre uma tarefa ou uma atividade.

Nas organizações, as decisões de nível estratégico são utilizadas pela alta gerência/direção e tendem a ser abrangentes e impactadas por múltiplas variáveis. As decisões táticas são elaboradas pela gerência de nível médio, que, frequentemente, auxilia na alocação e no controle de recursos. Já as decisões operacionais estão relacionadas à seleção e à orientação de curto prazo, encontradas nos níveis de base da hierarquia da organização.

De acordo com Vergara (1993), no processo de decisão a informação assume capital relevância, na medida em que, se adequada, diminui a incerteza provocada pelo ambiente. Assim, os gestores têm como uma de suas atividades mais críticas a tomada de decisão.

O processo de tomada de decisão está vinculado aos aspectos do poder e da informação, ou seja, gerenciar implica obter – ou não – informações.

Como já visto, a tecnologia exerce um papel essencial tanto na comunicação e no armazenamento dos dados, das informações e dos conhecimentos como na integração dos tomadores de decisão. Exerce também um importante papel no compartilhamento do conhecimento.

De qualquer parte do mundo, o tomador de decisão pode acessar a experiência passada de outras pessoas e aprender com elas. A troca de informações e de conhecimentos, bem como sua qualidade e rapidez, influenciam o sucesso das organizações.

Quanto maior a capacidade das tecnologias da informação e da comunicação, maior a capacidade de inter-relacionamentos e a capacidade de aprender e lucrar com o compartilhamento da informação e do conhecimento.

Ao mesmo tempo em que conduzem a um aumento da capacidade de compartilhamento da informação e do conhecimento, possibilitam também o aumento de sua quantidade disponível, um aumento de dados brutos, dos quais apenas uma parte se transforma em informações potenciais, o que significa que apenas pequeno número delas se transformará em informações ou em conhecimento. O constante do volume de informações e conhecimentos acaba aumentando a dificuldade nos momentos de decisão. O executivo do início do século tomava decisões baseado na escassez de informações; nos dias de hoje, ele se depara com uma quantidade crescente de informações disponíveis. Se antes o problema era a falta de informação, hoje em dia o grande problema é o excesso dela.

Em meio a uma imensa quantidade de dados, informações e conhecimentos, os líderes devem desenvolver habilidades e competências para filtrar o que é mais ou menos relevante em cada situação, pois, para a informação e o conhecimento serem considerados úteis, devem ser compreendidos e utilizados pelo tomador de decisão.

Exercício de aplicação

Tomada de decisões

Pense nas decisões (programadas e não programadas) que você toma em seu dia a dia. Quais as necessidades informacionais que possui para cada uma delas e quem (ou o que) seria a fonte onde iria buscar essas informações?

Decisão	Necessidade informacional	Fonte

Cada pessoa projeta no meio em que vive uma imagem de si. Quer ela seja gestora ou não, é importante que haja uma consciência sobre a importância da gestão da imagem e das relações interpessoais no contexto profissional. Você já pensou sobre o assunto? Vamos, no próximo capítulo, apresentar esse assunto, bem como conceitos tais como marketing pessoal e *networking*.

6.3 Liderança e resolução de conflitos

Segundo Ferreira (2014), o conflito existe quando uma parte (indivíduo ou grupo) percebe outra parte como um obstáculo à satisfação de suas preocupações, o que provoca um sentimento de frustração. Pode, ainda, gerar algum tipo de reação contra a outra parte. Essa definição coloca em foco algumas características importantes geralmente associadas à existência do conflito:

- Incompatibilidade, percebida por uma delas, sobre objetivos ou comportamentos do outro, o que serve como uma espécie de "gatilho" do conflito;
- Interdependência das partes que os associam mutuamente à sua satisfação respectiva.

A incompatibilidade existente entre as partes relaciona-se à natureza subjetiva da frustração na origem do conflito e não é, necessariamente, percebida por ambas as partes. Quando falamos sobre conflito, é importante a percepção sobre a importância que cada parte envolvida desenvolve sobre a situação.

A interdependência das partes destaca o conflito como um fenômeno relacional. Cada parte tem necessidade da outra e, ao mesmo tempo, exerce certo nível de poder sobre a outra, o que lhe permite impor à outra algumas limitações que restringem a ação.

Ao longo do tempo, o conflito tem sido tratado de diversas formas, e, na sequência, serão apresentados os principais modelos de correntes de pensamento administrativo sobre o assunto.

Segundo Chanlat (1996), a questão do conflito nas organizações nasceu com o pensamento administrativo. Antes da chamada era industrial, a "nova aristocracia" considerava os trabalhadores pertencentes a uma classe social inferior, e os conflitos eram tratados por meio de uma relação pura e simples de dominação-submissão.

São quatro os principais modelos de correntes de pensamento administrativo com relação ao conflito: o racional, o de relações humanas, o político e o sistêmico.

O modelo racional é a abordagem mais antiga sobre o conflito e parte do princípio de que este é ruim, pois afeta a eficiência organizacional, e, nessa ótica, há um esforço para reduzir ao máximo, por meio de mecanismos estruturais, as possibilidades de ocorrência do conflito no ambiente de trabalho.

Após a Segunda Guerra Mundial, surgem os neorracionalistas, que sustentam a ideia de que a tomada de decisão deve ser racional, porém reconhecem que se trata de uma racionalidade limitada por diversos fatores, entre eles: capacidade do gestor, clareza e ausência de contradições nos objetivos perseguidos, possibilidade de acesso aos recursos e informação.

Nesse contexto, o conflito aparece como inevitável, mas é o caráter subjetivo e emotivo que prejudica a organização, pois é ele que provoca os conflitos através da incomparabilidade, inaceitabilidade ou incerteza subjetiva das escolhas que confrontam as partes.

Já no modelo de relações humanas alega-se que o comportamento humano no trabalho não é originário apenas de uma lógica econômico-racional, mas a própria dimensão psicossocial do trabalho impõe suas leis às relações organizacionais. As normas e os valores sociais e o processo de socialização que influencia o comportamento individual nas organizações entram em foco. Por meio do reconhecimento do poder das atitudes individuais passa-se a valorizar um ambiente de trabalho mais humano, ou seja, mais apto a satisfazer as necessidades profissionais de ordem individual em relação ao trabalho. Desse modo, satisfação e produtividade se associam, e é pela maximização da primeira que se tenta alcançar a segunda.

Apesar do reconhecimento da possibilidade de ocorrência de desentendimentos organizacionais causados pela existência de possíveis divergências entre os objetivos individuais e os organizacionais, o conflito é visto por esse modelo como algo essencialmente ruim. Essa visão negativa é consequência do fato de que o conflito prejudica as exigências de colaboração que devem marcar o comportamento individual em um conjunto organizado.

Nos modelos anteriores, a natureza cooperativa da participação individual na organização não é posta em dúvida em nenhum momento. A partir do modelo político, a dimensão sociopolítica entra em cena e ganha importância ao reconhecer a ideia da natureza estratégica das relações entre os diversos grupos que compõem a organização. O conflito é percebido como algo natural nas organizações e passa a ser relevante estudar e desenvolver mecanismos de gestão de conflito. Passa a ser mais importante ainda a atuação do líder como a figura que pode fazer essa gestão.

O modelo sistêmico considera a organização um conjunto de partes em interação, entre si e com o meio ambiente, e reconhece o princípio de troca e de interinfluência contínua. Sendo assim, cada sistema depende, para sua sobrevivência, da sua permuta com o ambiente.

Num ambiente estável, uma abordagem de gestão "mecânica", ou seja, semelhante ao que se encontra no modelo racional, pode ser eficaz para tratar as incertezas provenientes do ambiente. Em contrapartida, uma organização que se encontre inserida em um ambiente turbulento precisará desenvolver mecanismos de gestão de caráter "orgânico", conciliando, de modo adequado, as inconsistências e as contradições com as quais deve conviver.

O conflito, segundo a visão desse modelo, aparece ao mesmo tempo como inevitável e plenamente funcional, pois a organização é submetida a um processo constante de adaptação. Dependendo do nível de incerteza a se lidar, pode-se revelar eficaz aplainar as diferenças ou podem-se encorajar as divergências suscetíveis de melhorar a solução final.

De acordo com Robbins (2005), os conflitos se dividem em dois blocos fundamentais: funcional e disfuncional.

Podemos entender o conflito funcional como aquele que apoia os objetivos do grupo e melhora seu desempenho, ou seja, os conflitos funcionais são formas construtivas de conflito. Já os disfuncionais são formas destrutivas, pois atrapalham o desempenho do grupo e prejudicam a organização.

> **Para pensar**
> E você, algum dia você pensou que o conflito pode ser algo positivo? A maior parte dos conflitos que vivenciou é funcional ou disfuncional?

Para diferenciar um conflito funcional de um disfuncional é importante compreender também os três tipos de conflito existentes: o de tarefa, de relacionamento e de processo.

O conflito de tarefa é aquele relacionado ao conteúdo e aos objetivos do trabalho, e se presente em nível baixo ou moderado, pode ser considerado funcional, pois demonstra um efeito positivo no desempenho do grupo por estimular a discussão de ideias que ajudam o trabalho em equipe. Ele passa a ser disfuncional quando o conflito de relacionamento se refere às relações interpessoais, e é quase sempre disfuncional.

Isso ocorre pois o atrito e as hostilidades interpessoais aumentam o choque de personalidade e reduzem a compreensão mútua, o que atrapalha ou impede a realização de tarefas organizacionais.

E, finalmente, o conflito de processo diz respeito à maneira como o trabalho é realizado. Quando presente em nível baixo, é funcional. A discussão intensa sobre quem deve fazer o que se torna disfuncional quando gera incerteza sobre o papel de cada um, aumenta o tempo de realização das tarefas e leva os integrantes de um grupo a trabalhar com propósitos difusos.

Cabe à liderança entender o papel do conflito e sua importância, ser capaz de classificar seu tipo e agir de forma a maximizar o ganho que pode advir de conflitos funcionais.

Estudo de caso

Uma vez que os planos de expansão da PIMISOL são audaciosos, em especial em um período de recessão econômica, Carlos Augusto contratou uma consultoria para ajudá-lo nesse processo. Pâmela, consultora contratada, fez várias entrevistas com Carlos Augusto e outras lideranças da empresa, chegando às seguintes conclusões:

- Decisão altamente centralizada na cúpula da empresa, em especial na figura de Carlos Augusto;
- Apesar da política de "portas abertas", a comunicação é mais unidirecional, de cima para baixo, dando pouca ou nenhuma margem para discordâncias ou pontos de vista diferentes;
- O conflito não é aceito; muito pelo contrário, pessoas que discordam são sumariamente demitidas da empresa;
- A quantidade de desligamentos, quer seja por iniciativa do colaborador ou da empresa, tem crescido, em especial com os empregados com menos de seis meses de trabalho.

Que conselhos você daria à empresa, considerando: seus planos futuros, o que vimos neste capítulo e o diagnóstico de Pâmela?

Resumo Executivo

- Liderança: processo de exercer influência sobre uma pessoa ou grupo de pessoas a fim de conseguir a realização de um objetivo em determinada situação.
- Liderança formal: ligada a uma forma em uma estrutura organizacional.
- Liderança informal: derivada de características pessoais e/ou competências técnicas da pessoa.
- São três as abordagens principais para explicar o que torna um líder eficaz: teoria dos traços, comportamental e contingencial.
- Tomada de decisão: processo cognitivo de escolher um plano de ação, entre as alternativas possíveis, para uma situação-problema.
- Etapas principais da tomada de decisão: percepção da situação; análise e definição do problema; definição dos objetivos; procura, avaliação e comparação de opções; escolha da alternativa mais adequada, e implementação.
- Principais aspectos que influenciam o modo de pensar do tomador de decisão: aspectos afetivos e cognitivos, personalidade, motivação e raciocínio.
- A tomada de decisão nas organizações requer informações capazes de reduzir a incerteza.
- As decisões podem ser programadas e não programadas.
- A decisão ocorre em três níveis nas organizações: estratégico, tático e operacional.
- Os conflitos em uma organização podem levar a melhores resultados, caso sejam funcionais.
- Os conflitos podem ser de processo, de tarefa e de relacionamento.

Teste seu Conhecimento

Vamos verificar o que aprendeu e fixar alguns dos conceitos mais importantes apresentados até aqui?

Caso a pergunta se refira à experiência profissional e você não a tenha, converse com amigos e familiares, pesquise em revistas especializadas ou então apresente seu ponto de vista tendo como base o conteúdo aprendido neste capítulo. Algumas sugestões de resposta seguem ao final do livro.

1. O que é liderança e qual é o papel da comunicação nesse processo?
2. Considerando as três abordagens de liderança apresentadas (traços, comportamental e situacional), com qual delas você mais se identifica? Qual a importância da comunicação na abordagem escolhida?
3. Defina o que é a tomada de decisão.
4. Quais são as principais etapas do processo de tomada de decisão?
5. Que elementos, entre os abaixo indicados, devem ser considerados para melhor entender o processo de tomada de decisão:

    ( ) Tomador de decisão   ( ) Objetivos
    ( ) Preferências   ( ) Estratégias
    ( ) Situação   ( ) Resultado

6. Aquele que toma a decisão, ou seja, o tomador de decisão, é neutro no processo de tomada de decisão. Tanto faz quem toma a decisão, ela sempre será a mesma, desde que a base informacional seja igual. Essa afirmação é verdadeira ou falsa? Justifique.
7. Por que as pessoas e organizações buscam, em geral, a solução satisfatória?
8. Qual a importância da comunicação no processo de tomada de decisão?
9. O que são decisões programadas e não programadas? Qual delas exige uma maior quantidade de informações?
10. A tecnologia impacta, de alguma forma, a tomada de decisão em uma organização? Explique.

GESTÃO DA IMAGEM E DAS RELAÇÕES INTERPESSOAIS NO CONTEXTO PROFISSIONAL

Esperamos que, ao término deste capítulo, você seja capaz de:

- Definir o que é imagem pessoal e identificar sua importância na obtenção de oportunidades profissionais;
- Reconhecer quais são os pontos pessoais fortes e fracos, bem como as ameaças e as oportunidades presentes no ambiente;
- Identificar a importância do *networking*;
- Construir uma imagem pessoal adequada.

> *As pessoas ficam perturbadas, não pelas coisas, mas pela imagem que formam delas.*
> Epiteto (55 d.C.-125 d.C.)

Neste capítulo, vamos falar sobre como sua imagem pode contribuir para o modo como as outras pessoas o percebem. Comecemos, então, observando o texto do filósofo grego Epiteto e propondo algumas reflexões:

- Por que as pessoas não se perturbam com as coisas, mas com a imagem que fazem delas?

- Você acredita que o mesmo aconteça com as pessoas – perturba-nos a imagem que construímos do outro?
- Como podemos contribuir para que os outros tenham uma boa imagem de nós?

A partir dessas reflexões, começaremos falando sobre o conceito de imagem pessoal e como gerenciá-la.

7.1 Gestão da imagem pessoal

A marca é o maior patrimônio de uma empresa, porque é o que confere sua especificidade no mercado e contribui para diferenciá-la, competitivamente, de outras organizações.

> **Para pensar**
>
> **Sua imagem, sua marca**
>
> Quando falamos sobre marca, que nomes vêm à sua mente? Já parou para pensar como as marcas ficam, de fato, conhecidas para todos? O nível de reconhecimento de cada marca é fruto de uma série de ações planejadas, que envolvem a concepção do produto ou serviço que será prestado/vendido, a forma como a divulgação será feita, passando pela definição de seu preço e forma de distribuição. Não é fruto do acaso ou da sorte a visibilidade que algumas marcas possuem, mas sim resultado de muito planejamento e ação.

Você já parou para pensar que também representa uma marca? Como você é conhecido e lembrado? Qual imagem você projeta para colegas, amigos, familiares, professores e possíveis empregadores?

Você já ouviu falar sobre marketing pessoal? Se marketing pode ser compreendido como um conjunto de estratégias e ações visando promover o lançamento, desenvolvimento e continuidade de um produto ou serviço no mercado consumidor, o marketing pessoal tem como objetivo aumentar a aceitação e fortalecer a imagem de uma pessoa perante o público em geral ou perante determinado segmento desse público. O marketing pessoal significa compreender a imagem que você projeta no mundo, permitindo que verifique se está ou não adequada aos seus objetivos.

Se quiser ter uma ideia rápida da imagem atual de sua marca, basta perguntar a si mesmo:

- O que as pessoas pensam de mim quando meu nome é dito?
- Será que sou percebido e notado em um grupo de pessoas? Como sou percebido?

Se você ainda não parou para pensar sobre isso, vamos fazer isso juntos? Alguns itens que sugerimos que considere, e que serão detalhados na sequência, são:

- Conteúdo;
- Atitude;
- Imagem; e
- Visibilidade.

1. Seu conteúdo

Seu conteúdo representa sua formação educacional e sua experiência profissional.

Se você já tem um curso superior, faça uma especialização ou uma pós-graduação. Se ainda não cursou uma faculdade, avalie a necessidade de fazê-lo.

Quando estiver estudando, assista às aulas, chegue no horário, empenhe-se na realização dos trabalhos individuais e em grupo, realize atividades complementares que venham a contribuir para melhorar sua formação, faça serviço voluntário, participe ativamente das aulas e estude, estude muito, ou melhor, aprenda, aprenda muito. A sua formação é muito importante pelos livros que ler, pelas pessoas que conhecer, pelos debates dos quais participar e pela quantidade de conhecimento e experiência que conseguir acumular.

É importante registrar, em um currículo, sua formação educacional e sua experiência profissional, caso tenha alguma. Você já tem um currículo? Caso não tenha, consulte o Capítulo 9 deste livro, verifique as sugestões e os modelos que disponibilizamos e elabore logo o seu. Caso já tenha um, verifique, em nossas dicas, se algo pode ser incrementado.

2. Sua atitude

Você tem iniciativa, é comprometido, ousado, criativo, comunicativo, persuasivo e costuma agir como líder?

Uma reflexão sobre suas atitudes perante a vida, amigos, familiares, professores e colegas é importante para descobrir qual é seu comportamento dominante e identificar atitudes que precisam ser desenvolvidas ou aperfeiçoadas.

Ser ético, possuir valores e agir de acordo com eles são fatores muito importantes, assim como ser positivo, ter uma atitude de positividade em situações complicadas, com um sorriso verdadeiro, um abraço acolhedor e um bom humor contribuem para a construção de um bom ambiente de trabalho.

A melhor maneira de conquistar a confiança e a admiração das pessoas é sendo exatamente quem você é. De nada adianta projetar uma imagem maravilhosa e irreal que irá "cair" diante da primeira adversidade. A imagem deve representar quem, de fato, você é. Seja natural e transparente. Tente ser a melhor pessoa e o melhor profissional que o reconhecimento virá, em especial se você trabalhar sua imagem e sua visibilidade, que serão abordadas na sequência.

3. Sua imagem

O aspecto externo, a imagem que projetamos, é o primeiro a ser observado e avaliado. Já pensou sobre isso? Como é a imagem que você tem projetado? Você tem se importado com os itens abaixo?

- Vestimenta: para cada ambiente, escolha a roupa mais adequada. A forma que você sai com seus amigos à noite não é a mesma que você vai à praia, procura um emprego ou vai trabalhar. Isso vale também para os acessórios que usa. Tenha bom senso e adeque sua vestimenta aos locais e eventos dos quais for participar;

- Postura: cabeça inclinada, ombros arqueados, tronco curvado, semblante triste. Onde você pensa que vai assim? A todo momento você está sendo observado. A imagem que quer transmitir é de alguém derrotado e infeliz? Uma postura elegante ao caminhar e ao sentar demonstra confiança e independência, além de contribuir para sua saúde. Caso queira mais detalhes sobre esse aspecto, consulte o Capítulo 10 deste livro;
- Vocabulário: adeque sua fala às pessoas com quem estiver dialogando. Saber conversar sobre diversos assuntos, atualidades, bem como saber fazê-lo respeitando aspectos de ortografia e gramática, é muito importante para a construção de uma boa imagem. Isso vale tanto para nossa fala como para nossa escrita. Quer uma dica para ampliar vocabulário? A leitura! Quantos livros você leu nos últimos seis meses? O Capítulo 10 vai explicar melhor a importância de ter um amplo vocabulário;
- Redes sociais: por meio das redes sociais também projetamos uma imagem. Lembre-se de manter privado o que deve ser privado e se perguntar sobre o que deve ser tornado público sobre aspectos de sua vida. Existem espaços nas redes sociais que são públicos por natureza, então, verifique o tipo de postagem que tem feito e a mensagem que pode estar passando sobre você.

4. Visibilidade da marca

Não adianta ser a melhor pessoa e profissional se ninguém tomar conhecimento desse fato. É preciso comunicar, divulgar suas ações e realizações. Para construir uma marca, você precisa ser visto. E como fazer isso?

Participe de eventos, os mais diversos. Palestras, lançamentos de livros, palestras, seminários e cursos. Veja e seja visto. Converse sempre que possível com professores, amigos dos pais e colegas das mais diversas turmas que você participa.

Coloque a palavra *networking* em sua vida. Procure conhecer pessoas novas, que tenham ou não a ver com você. Aumente sua rede de relacionamentos para além dos limites de seu bairro, de seu curso ou de sua empresa. Há pessoas interessantes que você pode conhecer se deixar de conversar com seus amigos em seu celular e passar a olhar as pessoas que estão em sua volta. Faça isso, vai valer a pena!

Vale saber

O que é *networking*?

Networking é uma palavra em inglês que indica a capacidade de estabelecer uma rede de contatos ou uma conexão com algo ou alguém. Indica uma atitude de procura de contatos com a possibilidade de conseguir subir na carreira. Apesar disso, *networking* não é uma atividade egoísta, em que você só quer se aproveitar de uma pessoa para o seu próprio bem. Deve existir um sentido de reciprocidade, o benefício deve ser mútuo, porque, mesmo que uma pessoa seja mais experiente, ela sempre pode aprender alguma coisa com outra. É importante salientar que *networking* não é apenas conseguir novos contatos, mas também é saber manter os contatos que já fez no passado. No *networking* é mais importante a qualidade do que a quantidade dos contatos. Trata-se de uma ferramenta do marketing pessoal que depende muito da aptidão social de alguém. Para construir uma boa rede de contatos é preciso ser eficiente no âmbito dos relacionamentos interpessoais.

Para pensar

Como vai sua rede de contatos? Assista ao vídeo disponível em:

https://www.youtube.com/watch?v=YEPCeA-_mMU (Acesso em: 1º nov. 2015) e pense sobre o assunto.

Resumindo, podemos dizer que é importante desenvolver e manter uma imagem positiva. Apresentar uma conduta clara e ética, desenvolver um bom relacionamento interpessoal com todos e saber se portar em diversas situações fazem com que se adquira credibilidade com as pessoas. Saber se comunicar de forma adequada é fundamental. Além disso, a imagem que se transmite deve ser coerente com os atos que se pratica. Toda pessoa, profissional ou não, cria uma marca pessoal, pois tudo o que fazemos e dizemos é percebido pelos outros. A imagem que você transmite diz muito sobre você.

Na Figura 7.1 indicamos alguns pontos que você deve considerar em relação à gestão de sua imagem. Para que possa realizar a gestão de sua imagem, de sua marca, o primeiro passo é obter uma compreensão mais ampla sobre você, seus objetivos, sobre o que faz você feliz. Na sequência, o Exercício de Aplicação sugere alguns questionamentos para ajudá-lo a melhor definir onde está e o que almeja para o futuro.

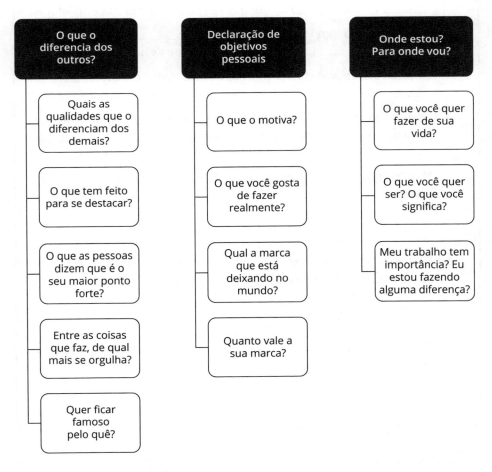

Figura 7.1 Análise pessoal

Exercício de aplicação

Avaliando sua marca

Que tal agora fazer uma avaliação da sua marca? Reflita e responda às seguintes perguntas:

1. Sou conhecido por amigos e familiares por _____, _____, _____ e _____? Identifique e explique de dois a quatro fatores.

2. Daqui a um ano, serei também conhecido por _____, _____, _____ e _____? Identifique e explique de dois a quatro fatores.

3. Entre as coisas novas que aprendi nos últimos 90 dias está(ão) _____, _____ e _____ . Identifique e explique de um a três itens.

4. Os acréscimos mais importantes ao meu caderno de endereços, ou seja, pessoas que conheci, nos últimos 90 dias são _____, _____, _____ e _____ . Identifique de dois a quatro nomes.

5. Meu "programa de visibilidade" inclui? Identifique um ou dois itens, pelo menos.
   _____
   _____

6. Minhas principais atividades de melhoria de currículo para os próximos 90 dias são? Identifique pelo menos dois itens.
   _____
   _____

7. O que distingue meu currículo de hoje do que eu possuía no ano passado são os seguintes itens (um ou dois):
   _____
   _____

Assim como uma organização, precisamos avaliar o que temos de melhor e quais são nossos pontos mais fracos, bem como conhecer o ambiente em que iremos atuar profissionalmente, para verificar onde existem oportunidades e ameaças. O próximo tópico irá aprofundar esse assunto.

7.2 Forças e fraquezas, ameaças e oportunidades: avaliação pessoal

Já ouviu falar da Matriz SWOT? Já pensou em utilizá-la para se autoavaliar?

Um importante instrumento que pode ser utilizado para a realização do planejamento estratégico é a Matriz SWOT (*Strenghts, Weaknesses, Opportunities* e *Threats*), que ressalta a importância de recolher dados relativos ao ambiente interno (forças e fraquezas) e externo (oportunidades e ameaças) da organização para que a estratégia possa ser planejada considerando um cenário mais amplo (FERREIRA, 2015). O que acha de aplicar essa análise à sua vida?

Vale saber

Matriz SWOT

A matriz SWOT foi desenvolvida na Universidade de Stanford e se transformou em um exercício/método/instrumento utilizado por muitas empresas na formulação de suas estratégias. SWOT é uma sigla que significa:

S → *Strengths (Forças),*

W → *Weaknesses (Fraquezas),*

O → *Opportunities (Oportunidades),*

T → *Threats (Ameaças).*

Também é conhecida como análise/matriz FOFA, após tradução para a língua portuguesa.

A SWOT é uma ferramenta utilizada para fazer análise ambiental e pode representar a base da gestão e do planejamento estratégico numa organização. Como é uma ferramenta simples, pode ser aproveitada para qualquer tipo de análise de cenário.

Visualmente, a matriz SWOT pode ser representada da seguinte forma:

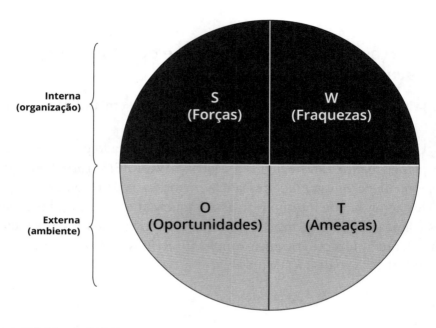

Figura 7.2 Matriz SWOT

Cada letra representa um tipo de análise, tal qual detalhado na sequência:

- *Strengths* **(forças)**: vantagens internas da organização em relação às concorrentes. Exemplos: qualidade do produto, bom serviço ao cliente, solidez financeira, entre outros. Para uma autoavaliação, considere que suas forças são seus diferenciais diante de seus concorrentes;
- *Weaknesses* **(fraquezas)**: desvantagens internas da organização em relação aos concorrentes, como, por exemplo: alto custo de produção, instalações inadequadas, alto *turnover* (rotatividade de pessoas) e ausência de uma área de Gestão de Pessoas. Para sua autoavaliação, considere suas fraquezas como os itens que fazem com que seus concorrentes sejam melhores que você, como, por exemplo: falta de qualificação profissional, pouca experiência de trabalho e não falar inglês;

- *Opportunities* (**oportunidades**): aspectos externos positivos que podem potencializar a vantagem competitiva da empresa. Para sua autoavaliação, as oportunidades são os aspectos do mercado que aumentam sua vantagem competitiva, como, por exemplo: aumento da demanda por profissionais com suas qualificações ou experiência;
- *Threats* (**ameaças**): aspectos externos negativos que podem colocar em risco a vantagem competitiva da empresa (aqui, sua vantagem competitiva), como, por exemplo: aumento da quantidade de pessoas com sua formação e aumento do nível de desemprego para sua profissão.

Exercício de aplicação

Que tal fazer sua análise SWOT agora e identificar seus pontos fortes e fracos e as ameaças e oportunidades do ambiente neste momento para você e sua carreira? Utilize a figura abaixo para fazer esse registro e depois poder montar um plano de ação para melhorar sua estratégia pessoal.

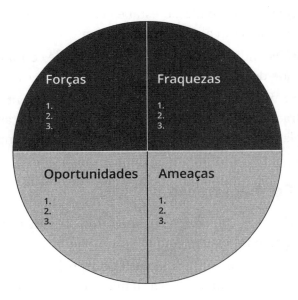

Um fator que impacta sua imagem pessoal é a forma como você se comunica, por escrito e oralmente, com as pessoas. Vamos aprender sobre o gerenciamento da produção e recepção de textos orais e escritos na sequência.

Resumo Executivo

- A marca é o maior patrimônio de uma organização.
- A marca confere à organização sua especificidade no mercado e contribui para diferenciá-la, competitivamente, de outras organizações.
- Marketing é o conjunto de estratégias e ações para promover o lançamento, o desenvolvimento e a continuidade de um produto ou serviço no mercado consumidor.
- Marketing pessoal objetiva aumentar a aceitação e fortalecer a imagem de uma pessoa perante determinado público.
- Marketing pessoal: significa compreender a imagem que você projeta no mundo, permitindo que verifique se está ou não adequada aos seus objetivos.
- *Networking*: capacidade de estabelecer uma rede de contatos ou uma conexão com algo ou com alguém.
- *Networking* indica uma atitude de procura de contatos com a possibilidade de conseguir subir na carreira.
- Matriz SWOT: forma de recolher dados do ambiente interno (forças e fraquezas) e externo (oportunidades e ameaças) da empresa para planejar a estratégia com um cenário mais amplo.

Teste seu Conhecimento

Vamos verificar o que aprendeu e fixar alguns dos conceitos mais importantes apresentados até aqui?

Caso a pergunta se refira à experiência profissional e você não a tenha, converse com amigos e familiares, pesquise em revistas especializadas ou então apresente seu ponto de vista tendo como base o conteúdo aprendido neste capítulo. Algumas sugestões de resposta seguem ao final do livro.

1. O que é marketing pessoal?
2. Como está seu marketing pessoal?
3. Dos itens apresentados neste capítulo (conteúdo, atitude, imagem e visibilidade), qual (ou quais) você acha mais importante(s) considerar em seu programa de marketing pessoal em curto prazo? Que ações pode fazer para isso?
4. O que é *networking*?
5. O *networking* pressupõe habilidade no relacionamento interpessoal. Verdadeiro ou falso? Justifique.
6. Qual a sua opinião sobre a frase: "é importante desenvolver e manter uma imagem positiva. Apresentar uma conduta clara e ética, desenvolver um bom relacionamento interpessoal com todos e saber se portar em diversas situações fazem com que se adquira credibilidade com as pessoas. No entanto, é fundamental que a imagem que se transmite seja coerente com os atos que se pratica. Toda pessoa, profissional ou não, cria uma marca pessoal, uma vez que tudo o que fazemos é percebido pelas pessoas"?
7. O que é a Matriz SWOT?
8. Em relação à sua profissão, hoje existem mais oportunidades ou ameaças? Justifique.

8

O GERENCIAMENTO DA PRODUÇÃO E RECEPÇÃO DE TEXTOS ORAIS E ESCRITOS

Esperamos que, ao término deste capítulo, você seja capaz de:
- Reconhecer algumas possibilidades para realizar o planejamento da produção de textos nas organizações;
- Identificar como se dá a recepção de textos no ambiente corporativo;
- Demonstrar formas para gerenciar a produção e a recepção de textos orais e escritos em empresas.

As relações não são necessariamente falhadas, nós é que as falhamos.
António Lobo Antunes (1942-)

A frase de António Lobo Antunes que utilizamos como epígrafe deste capítulo nos mostra que as relações precisam ser bem administradas para que sejam proveitosas e de sucesso. E isso também é válido quando falamos em produção e recepção de textos orais e escritos no âmbito das organizações: se não forem devidamente administrados e gerenciados, podem levar a empresa para caminhos duvidosos, por vezes desconhecidos. Daí a necessidade de a empresa gerenciar seus processos de comunicação.

Mas, se o tema deste capítulo é o gerenciamento da produção e da recepção de textos, precisamos, primeiramente, entender como esses processos acontecem.

8.1 A produção de textos orais e escritos e seu planejamento nas organizações

Como já vimos no primeiro capítulo, nossa comunicação acontece de forma verbal ou não verbal. Quando a comunicação se concretiza verbalmente, ela se faz por meio de textos. É muito comum acharmos que textos são amontoados de palavras, mas eles são, na verdade, muito mais do que isso!

> **Vale saber**
>
> **Textos**
>
> Trata-se de conjuntos de palavras, sinais, gráficos ou diversas outras manifestações que, juntas, criam um sentido, um significado.

No dia a dia, nossas interações se fazem a partir de textos. Isso acontece, por exemplo, quando um amigo lhe pede uma informação, seu gestor lhe faz um elogio, seu companheiro expressa uma crítica... Tudo isso é texto!

O que acontece é que, em nossa rotina, essas expressões nem sempre são planejadas ou estruturadas. Muitas vezes elas são proferidas de forma espontânea, sem grande preocupação com seus impactos. Já em uma organização, o ideal é que esse processo de comunicação seja devidamente planejado, de modo que se possam antever seus impactos e seus resultados.

Souza e Carvalho (2010) propuseram que a produção de um texto fosse planejada seguindo três etapas: a intertextual, a contextual e a textual. Essa forma de pensar a produção de um texto pode ser bastante interessante para as organizações. Vamos, então, entender cada uma dessas três etapas.

1. Etapa intertextual

Quando se conhece o tema que se quer trabalhar, é importante considerar todas as informações possíveis sobre ele. Nenhuma comunicação surge do zero; sempre há algo que a anteceda, sejam leituras ou vivências. Nesta etapa, é importante buscar tudo o que se conhece sobre o assunto, de modo que a produção do texto seja a mais contemplativa possível.

Imagine, por exemplo, que você trabalha na área de Recursos Humanos de uma grande empresa e seu gestor lhe incumbe de comunicar a implementação de um novo sistema ERP para todos os colaboradores.

> **Vale saber**
>
> **ERP**
>
> Abreviação de *Enterprise Resource Planning*, ou Planejamento dos Recursos da Empresa. ERPs são sistemas desenvolvidos a partir de *softwares* que integram os dados e os processos de uma organização, permitindo maior alinhamento entre as diversas áreas da companhia.

Muito possivelmente, você vai começar identificando os colaboradores que têm algum conhecimento desse sistema. Antes de procurá-los, provavelmente você buscará entender em quais áreas esses profissionais estão alocados, como em Tecnologia da Informação (TI), por exemplo. Perceba que, nesse momento, antes de começar a comunicar para toda a organização, você fez uma espécie de filtro, reconhecendo em quais áreas há mais possibilidade de encontrar profissionais que possam apoiá-lo nesse processo. Nesse momento, você está relacionando sua atividade com o universo de informações que possui sobre o assunto, garantindo que sua comunicação será mais eficiente e assertiva.

2. Etapa contextual

De posse de todas as informações disponíveis sobre as quais se produzirá um texto, é preciso atentar para a sua maneira pessoal de sentir e focalizar o tema proposto, além de refletir sobre a finalidade deste texto. Comunicar os colaboradores sobre a abertura de uma nova filial ou sobre o fechamento de uma antiga são finalidades bastante distintas, merecendo, cada uma, um tratamento completamente diferente. Além disso, é preciso considerar o público-alvo com o qual se comunica: uma mensagem para a equipe de vendas e uma para a equipe de TI possivelmente serão bastante distintas.

Mas vamos continuar o exemplo citado no tópico anterior. A partir da identificação dos colaboradores que têm afinidade com determinado sistema, e supondo que você já levantou todas as informações que possui sobre esse grupo, seria o momento de relacionar o contexto aos interlocutores, estabelecendo o tom com o qual o assunto será tratado, adequando seu desenvolvimento em função do tempo, do espaço e do público destinatário. Esta etapa costuma ser entendida pelas áreas de Comunicação como o momento de planejamento. Muitas organizações falham exatamente aqui!

3. Etapa textual

Depois de planejada a produção do texto, é preciso colocá-lo na forma discursiva, ou seja, definir como ele será expresso tanto em termos de conteúdo quanto na sua forma de apresentação. Aqui, sempre vale lembrar que um bom texto deve contar com início, desenvolvimento e conclusão.

Esta etapa é linguística por excelência, ou seja, é preciso buscar a forma mais adequada para dizer o que foi planejado, estando atento ao vocabulário, à gramática, à concatenação das ideias e ao emprego correto da ortografia.

Um texto bem produzido é aquele que evidencia sua organização e consegue harmonizar estas três etapas. Além disso, nas organizações os textos são produzidos para expressar uma mensagem, para se comunicar. Dessa forma, o sucesso de seu texto estará na compreensão adequada daquilo que você deseja veicular.

8.2 A recepção de textos orais e escritos

Chamamos de recepção textual a relação que se estabelece entre o texto e seu receptor. É o receptor que, ativamente, atribui sentido, trazendo para a realidade os fatos expressos no texto a partir de seu entendimento e de seu repertório de mundo.

Esse fato é facilmente observado nas empresas. Quando se propõe uma comunicação organizacional, por mais que as áreas de Recursos Humanos, Comunicação ou Marketing sejam cuidadosas na elaboração da mensagem, é o receptor que irá construir seus sentidos, considerando suas expectativas e seu conhecimento do assunto em pauta. Ele pode ter suas expectativas satisfeitas ou não e, até mesmo, estranhar a mensagem, pondo em xeque a relação de confiança com a comunicação da empresa. Daí a necessidade de as organizações estarem atentas ao que querem comunicar e, sobretudo, a quem querem comunicar.

Eco (2001) mostra que a recepção de um texto é um processo complexo no qual se debatem a intenção do autor, a intenção do leitor e a intenção do texto propriamente dito. Essa reflexão é bastante útil nas organizações.

Exercício de aplicação

Aspectos de linguagem

Se você trabalhasse em uma empresa de varejo e fosse incumbido de comunicar uma mudança na estrutura organizacional da empresa, que aspectos consideraria para que a recepção de sua mensagem estivesse de acordo com suas intenções?

Utilize o quadro abaixo para descrever os principais aspectos a serem considerados.

Como alinhar as intenções da mensagem à sua recepção?

Você pode ter pensado em vários e diferentes aspectos que podem ajudar sua mensagem a ser percebida da melhor forma. Mas certamente considerou o público para o qual ela se destina. Como dissemos, os receptores têm participação ativa na construção do sentido da mensagem e precisam ser considerados desde o momento em que se decide que haverá alguma comunicação destinada a eles.

Para reforçar esse aspecto, vale lembrar o estudo de Iser (1979), que apontava para o fato de que os textos não são plenos de sentido, havendo um vazio que exige um esforço do receptor para ser preenchido. O sentido de um texto existe na interação que o receptor fará com ele. Dessa forma, é menos importante se preocupar com o que um texto quer dizer ou quais as intenções de seu autor e mais importante entender o que acontece quando o receptor dá vida a ele.

8.3 O gerenciamento da produção e da recepção de textos

Como todos os elementos de uma organização, a produção e a recepção dos textos também podem ser gerenciadas. Entendendo como acontecem os processos de gerenciamento e gestão, ficará mais simples compreender como aplicá-los para produção e recepção de textos.

8.3.1 Conceito de gerenciamento e gestão

Chamamos de gerenciamento as atividades que visam organizar, planejar e executar atividades com o objetivo de tornar os processos de trabalho mais simples e mensuráveis. Toda organização precisa de ao menos um gestor, e cabe a ele organizar o ambiente de trabalho, tomar decisões e direcionar a equipe.

Quando falamos de gestão, necessariamente relacionamos diversas áreas de conhecimento, como Administração, Psicologia, Direito, Contabilidade, Estatística, Sociologia e Informática. Isso porque cabe ao gestor planejar, analisar, reconhecer problemas, buscar formas de contorná-los, organizar recursos financeiros e tecnológicos, comunicar, motivar pessoas e controlar todo esse conjunto da melhor maneira possível.

Você deve ter percebido que as atividades de gerenciamento e gestão são muito amplas e demandam vários conhecimentos para serem bem conduzidas. Essa lógica também se aplica ao gerenciamento da produção e da recepção de textos orais e escritos.

8.3.2 O gerenciamento de textos

O gerenciamento da produção e da recepção de textos orais e escritos tem por objetivo organizar, planejar e executar as atividades de produção textual de uma organização, de modo que a recepção deles esteja alinhada às intenções da companhia. Frequentemente vemos empresas que não cuidam desse processo de forma adequada e precisam administrar os problemas decorrentes dessa falta de zelo.

Administrar textos pode tornar os processos de trabalho das áreas ligadas à comunicação mais simples. Assim como os demais modelos de gestão, é fundamental que, no momento de gerenciar a produção textual, sejam considerados os seguintes aspectos:

- Planejamento;
- Análise;
- Identificação de problemas;
- Possibilidades de resolução de problemas;
- Custos;
- Recursos tecnológicos necessários;
- Motivação dos profissionais envolvidos.

Nossa ideia é fazer com que você perceba que a gestão dos processos de produção e recepção de textos, sejam eles orais ou escritos, segue a mesma lógica da gestão de todos os demais elementos de uma organização.

Planejamento de currículos, cartas empresariais, relatórios e comunicações diversas também são itens muito importantes. O próximo capítulo irá detalhar esses tipos de comunicação.

> **Estudo de caso**
>
> PIMISOL tem tido sucesso em seus negócios, mas sua equipe de gestão ainda acredita que o processo de comunicação que permeia a empresa é falho. No que diz respeito à comunicação interna, nem sempre os empregados estão alinhados às estratégias da companhia e sobre a participação de cada um nessa estratégia. Além disso, a comunicação externa também não tem sido muito eficiente. Frequentemente consumidores não estão alinhados às novas iniciativas da companhia.
>
> Você já deve ter percebido que a PIMISOL passa por um problema relacionado à gestão de sua comunicação, certo?
>
> Então, vamos tentar ajudar a empresa a melhorar seu processo de gestão de produção e recepção de textos orais e escritos.
>
> Que orientações você já é capaz de oferecer-lhe no que diz respeito a:
>
> - Planejamento;
> - Execução;
> - Avaliação?

Resumo Executivo

- A produção e a recepção de textos orais e escritos pode ser administrada, assim como todos os demais elementos da organização.
- A comunicação verbal se concretiza por meio de textos, sejam eles orais ou escritos.
- Textos são conjuntos de palavras, sinais gráficos ou outras manifestações que, juntos, têm um significado.
- A produção de um texto segue três etapas: intertextual, contextual e textual.
- Um texto bem produzido é aquele que evidencia sua organização e consegue harmonizar essas três etapas.

- Chamamos de recepção textual a relação que se estabelece entre o texto e seu receptor.
- O receptor constrói ativamente o sentido do texto.
- Chamamos de gerenciamento as atividades que visam organizar, planejar e executar atividades com o objetivo de tornar os processos de trabalho mais simples e mensuráveis.

Teste seu Conhecimento

Vamos ver o que você aprendeu neste capítulo?

Responda às questões abaixo de acordo com o que vimos. Em seguida, compare com nossas propostas de resposta, disponíveis no fim do livro.

1. Você acredita que a produção e a recepção de textos podem ser gerenciadas em uma organização? Justifique sua resposta com base na leitura deste capítulo.
2. Quantas e quais são as etapas de produção de um texto?
3. O que é recepção textual e como ela acontece?

9

O PLANEJAMENTO DE CURRÍCULOS, CARTAS EMPRESARIAIS, RELATÓRIOS E COMUNICAÇÕES DIVERSAS

Esperamos que, ao término deste capítulo, você seja capaz de:
- Identificar diferentes modelos de currículo, selecionando aquele que julgar mais adequado a cada oportunidade;
- Elaborar um currículo;
- Identificar as etapas de um processo seletivo;
- Elaborar atas, *e-mails* e cartas.

9.1 Currículo e o processo seletivo

9.1.1 Currículo

Vamos iniciar este capítulo com duas perguntas:

- O que é o currículo?
- Para que ele serve?

O currículo é a primeira forma de comunicação entre você e uma organização em que pretende atuar. Ele serve como instrumento para gerar um primeiro contato entre ambos (você e a organização). Trata-se de um documento formal bastante importante e deve ser redigido com cuidado e atenção. Os profissionais que atuam no recrutamento e seleção recebem muitos currículos diariamente e se você conseguir, seja pela forma, seja pelo conteúdo, ou por ambos, diferenciar o seu dos demais, melhor! O currículo é a comunicação que irá abrir – ou não – as portas da organização para você.

> **Para pensar**
>
> **Currículo**
>
> O currículo, sem dúvida nenhuma, pode abrir as portas de uma organização para você, gerando o tão desejado primeiro contato pessoal. Contudo, quando elaborado de forma não condizente com a realidade, pode acabar com qualquer chance de um candidato. Assista a um vídeo que trata desse assunto:
>
> Acesso em: https://www.youtube.com/watch?v=z7SWbqdGSYs

O currículo deve apresentar de forma sintética, elegante, visualmente atraente e sem erros gramaticais informações básicas sobre os candidatos, tais como:

- Dados pessoais;
- Objetivo profissional;
- Formação acadêmica;
- Cursos/treinamentos;
- Idiomas/informática;
- Histórico profissional.

Sempre faça uma revisão gramatical do currículo antes de enviá-lo ou imprimi-lo. Caso tenha dúvidas, peça uma segunda opinião ou utilize o revisor ortográfico do seu programa de edição de texto.

A Figura 9.1 apresenta os principais itens que devem ser apresentados em um currículo.

O planejamento de currículos, cartas empresariais, relatórios e comunicações diversas 145

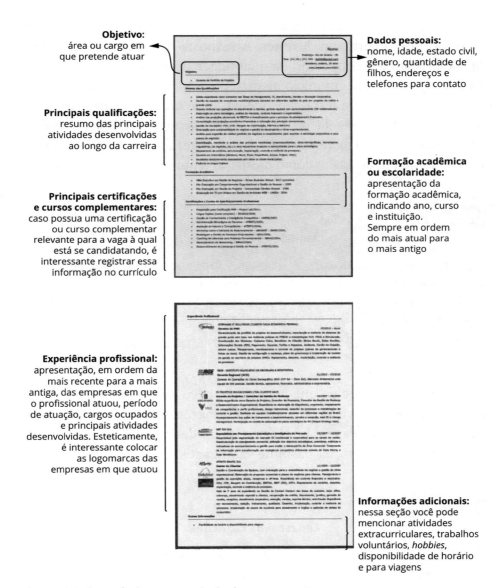

Figura 9.1 O currículo e seus principais componentes

Caso a vaga exija o conhecimento em nível avançado de outro idioma, pode ser interessante que o currículo também seja enviado em sua versão em língua estrangeira. Outros exemplos de currículo seguem no Apêndice 1, também disponibilizados em arquivo eletrônico no *site* http://gen-io.grupogen.com.br.

Uma pergunta muito frequente é sobre o tamanho (quantidade de páginas) que o currículo deve ter. A resposta depende da experiência que a pessoa tem, bem como da quantidade de cursos que tenha feito. Para um profissional em início de carreira, uma página é mais que suficiente. O tamanho da letra depende da fonte escolhida, mas sugere-se que não seja inferior a 11 ou 12. O espaçamento entre linhas também pode variar. Quanto menor a experiência, sugerimos que utilize o tamanho de fonte maior, assim como o espaçamento entre linhas e margens.

> **Vale saber**
>
> **Modelos de currículos**
>
> Você sabia que existem vários modelos de currículo já prontos e gratuitos que você pode utilizar, caso queira? Além daqueles disponibilizados ao final do livro, no Apêndice 1, existem outros modelos gratuitos. Alguns deles são *templates* do Office, que podem ser acessados em:
>
> https://templates.office.com/pt-br/Currículo-TM90002028 (acesso em: nov. 2015)

Lembre-se sempre de que o currículo deve retratar de forma verdadeira, direta e objetiva as principais informações sobre a vida profissional e acadêmica do candidato. Experiências de intercâmbio e trabalhos voluntários costumam ser bastante valorizados.

> **Vale saber**
>
> **Cadastro de currículos**
>
> Existem vários *sites* em que você pode cadastrar, de forma gratuita, seu currículo. Alguns deles são:
> - LinkedIn – https://www.linkedin.com/
> - Vagas.com – http://www.vagas.com/

Dê uma olhada e cadastre seu currículo hoje mesmo! Identifique ainda as organizações em que tem interesse e verifique se no *site* – a *homepage* empresarial – não existe uma seção "Oportunidades", "Trabalhe

Conosco", "Talentos" ou algo similar e verifique as instruções para cadastro ou envio de seu currículo. Boa sorte!

> **Exercício de aplicação**
>
> **Elaborando um currículo**
>
> Um amigo seu precisa muito de sua ajuda para elaborar seu currículo. Liste as principais dicas que daria a ele para a elaboração de um bom currículo.

Pode-se dizer que o currículo é o primeiro passo de qualquer processo seletivo. Você sabe o que é isso? Vamos apresentar esse assunto na sequência.

9.1.2 O processo seletivo

Segundo Ferreira (2014), seleção é a forma como a empresa escolhe, dentre vários candidatos, aqueles que irão ingressar na organização. É uma atividade de comparação, escolha e decisão, em que se procuram candidatos para ocuparem as vagas disponíveis. A seleção é o meio pelo qual a organização busca satisfazer suas necessidades de profissionais, identificando as pessoas mais qualificadas para preencher determinado cargo.

E como as empresas buscam fazer isso, ou seja, identificar aqueles que serão mais qualificados – tanto em termos de comportamento como de habilidades e atitudes – para cada vaga em aberto? Por meio da utilização de diversas técnicas de seleção. Observe, na sequência, uma figura que resume a forma mais habitual de um processo seletivo ocorrer.

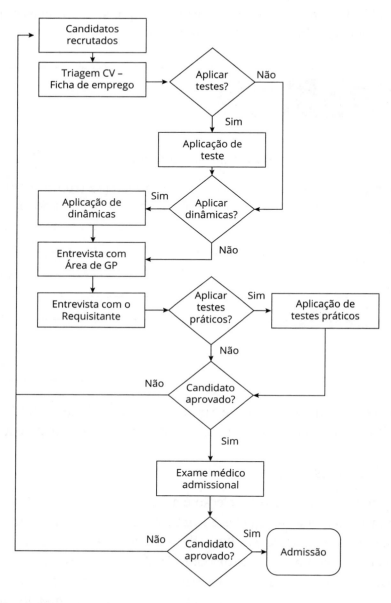

Fonte: Ferreira (2014).

Figura 9.2 Resumo do fluxo de um processo seletivo

Existem várias técnicas para identificar características, habilidades, personalidade e comportamentos dos candidatos, tais como entrevistas, provas de conhecimentos gerais e específicos, testes psicológicos e simulações ou dinâmicas de grupo. Vamos conhecer um pouco mais sobre essas técnicas.

9.1.2.1 Provas de conhecimentos gerais ou específicos

As provas de conhecimentos são indicadas quando se deseja comprovar se os candidatos possuem os requisitos exigidos pelo cargo. Podem ser de conhecimentos gerais (como cultura, atualidades, português, raciocínio lógico e redação) ou específicos (como matemática financeira, inglês, contabilidade, direito, entre outras).

Seguem dois exemplos de questões que foram retiradas de uma prova de raciocínio lógico.

Qual é o próximo número na sequência: 2 – 8 – 2 – 10 – 2 – x?

a) 9
b) 12
c) 7
d) 16
e) 10

Resposta: 12

Os carneiros pretos têm a lã negra. De que cor é o leite das vacas pretas?

a) Preto
b) Branco
c) Escuro
d) Amarelo
e) Vermelho

Resposta: Branco

Fonte: Os autores.

Figura 9.3 Exemplos de questões de prova de raciocínio lógico

9.1.2.2 Testes psicológicos

Os testes psicológicos costumam ser utilizados em processos seletivos quando se deseja identificar aptidões, prever comportamentos de candidatos em determinados ambientes ou revelar as características de caráter e temperamento. Podem ainda pesquisar traços como equilíbrio emocional, frustração, interesse e motivação. Não costumam ser eliminatórios.

9.1.2.3 Simulações ou dinâmicas de grupo

As simulações ou dinâmicas de grupo possibilitam uma avaliação de cada pessoa como componente de um grupo, a fim de analisar e diagnosticar seus comportamentos como ser social. Em outras palavras é uma forma de avaliar a interação entre alguém e um grupo.

É comum que as dinâmicas possuam algumas fases: apresentação e quebra de gelo, aquecimento, atividade principal e encerramento.

A apresentação costuma ser a primeira etapa. Pode ser feita só verbalmente, quando cada participante faz uma pequena descrição de sua vida pessoal e profissional, ou pode ser mais dinâmica, com a distribuição de cartolina, jornais, revistas, tesoura, cola e canetas. O objetivo é fazer com que cada um se defina usando esses recursos. É permitido escrever, desenhar, colocar recortes de revistas, colar ilustrações. Serve para "quebrar o gelo" e fazer com que todos se conheçam. É possível ainda utilizar outro quebra-gelo, da dependência do grupo, para proporcionar uma maior oportunidade de integração do grupo.

As dinâmicas podem ser de execução ou realização, de comunicação ou situacional.

Execução ou realização ocorre quando se solicita ao grupo a elaboração de um produto/serviço ou um projeto, como uma campanha de vendas, por exemplo. Nesse caso, propõe-se aos candidatos que criem um produto inovador, apresentando viabilidade de custo, estratégia de marketing, tempo de retorno e público-alvo. Com isso, verificam-se criatividade, capacidade de comunicação, trabalho em equipe, persuasão, dinamismo, visão de mercado, visão, comportamento em relação ao grupo, sintonia e o principal, de que forma cada integrante contribui para isso.

Comunicação ocorre quando a base é a realização de debates. O grupo é dividido em dois ou mais subgrupos e depois é apresentado um tema da atualidade (geralmente polêmico) sobre o qual os participantes discutirão para desenvolver argumentação pertinente. Avalia-se capacidade de argumentação, conhecimento do assunto, poder de negociação, relacionamento interpessoal, facilidade de expor ideias, maturidade e nível cultural.

Situacional ocorre quando são apresentadas situações relacionadas a problemas cotidianos das empresas e é solicitado que cada participante aponte possíveis soluções. O grupo pode ser dividido em várias equipes que possuem um tempo determinado para discussão e posterior apresentação das ideias ao grande grupo. O objetivo é verificar, entre outros aspectos, capacidade de compreensão, de síntese, liderança, habilidade analítica, negociação, comunicação, coesão do grupo e maturidade.

Seguem algumas dicas para quem for participar de uma dinâmica de grupo:

Prepare-se	Durma bem, alimente-se adequadamente e vista-se de acordo. Conheça o trajeto até a empresa antecipadamente. Não esqueça que você está sendo observado desde o momento em que chega à empresa. Seja educado e otimista e não se atrase.
Seja você mesmo	Não tente simular comportamentos, lembre-se de que "a mentira tem perna curta". Os facilitadores são preparados para perceber contradições. Se a vaga não combina com você, com seu perfil, é melhor ter uma negativa no processo seletivo que ser admitido e desligado um pouco depois da admissão.
Posicione-se	Participe das atividades propostas, dê sugestões, emita sua opinião. A falta de participação é uma das principais causas de reprovação (ou da não aprovação) nas dinâmicas de grupo.
Ouça o grupo	Não tente impor sua opinião, ouça o grupo. Atitudes arrogantes e presunçosas via de regra não são bem avaliadas. Ouça a equipe e seja flexível.
Esteja bem informado	Leia jornais e revistas que permitam que você esteja atualizado sobre temas de sua área, do Brasil e do mundo. Ideias para a dinâmica podem surgir de fatos apresentados pela mídia.
Estude a empresa e anote dúvidas	Esclareça eventuais dúvidas quando houver oportunidade.
Identifique-se	É comum que seja fornecido aos candidatos uma etiqueta ou crachá de identificação. Mantenha-o sempre visível, é importante que os observadores da dinâmica saibam seu nome.

Fonte: Adaptada de Ferreira (2014).

Figura 9.4 Dicas para participar de dinâmicas

> **Vale saber**
>
> **Atração e seleção**
>
> Para mais dicas e exemplos de entrevistas, dinâmicas de grupo e testes, indicamos o livro:
>
> *Atração e seleção de talentos* (Patricia Itala Ferreira, Gen/LTC)

9.1.2.4 Entrevista

Normalmente após a análise do currículo realizam-se provas de conhecimentos gerais e específicos e, na sequência, dinâmicas e entrevistas. A entrevista é a técnica mais utilizada e tem grande influência na decisão final. Pode ser realizada de forma estruturada, com um roteiro preestabelecido, ou de forma livre, quando não existe um roteiro a ser seguido. Nas entrevistas de processos seletivos um ponto fundamental é a capacidade de o entrevistado se comunicar de forma clara e adequada. É o momento de você utilizar o que aprendeu no capítulo sobre comunicação e cultura organizacional para descobrir a melhor forma de se vestir e se comportar.

> **Para pensar**
>
> **Um exemplo de entrevista**
>
> A Heineken aplicou uma entrevista diferente, em que existem, entre outras novidades, simulação de enfarte e de incêndio, para avaliar o comportamento de cada candidato em situações inusitadas. Ela possuía mais de 1.300 candidatos participando do processo de seleção.
>
> Leia a matéria no *link* informado e assista ao vídeo. Vale a pena!
>
> http://oglobo.globo.com/emprego/enfarte-incendio-em-entrevista-de-emprego-veja-acao-da-heineken-7639191?fb_action_ids=4693378532599&fb_action_types=og.recommends&fb_source=aggregation&fb_aggregation_id=288381481237582 (acesso em: fev. 2013).
>
> **O que você achou dessa iniciativa?**

Há algum tempo, as entrevistas podiam ser individuais ou coletivas, mas eram quase sempre "presenciais", ou seja, entrevistador e entrevistado dividiam o mesmo ambiente físico. Hoje em dia, contudo, devido à tecnologia e aos custos, é cada vez mais comum haver entrevistas por telefone, *softwares* diversos, gratuitos ou pagos, como Skype, Facetime, Webex, entre outros.

Inúmeras são as perguntas que podem ser feitas aos candidatos em uma entrevista, minimamente; contudo, devemos verificar e detalhar as informações apresentadas em seu currículo, tais como: escolaridade, experiências profissionais, estabilidade em empregos anteriores, local em que reside próximo ou distante da empresa, entre outras. A Figura 9.5 ilustra alguns tipos de perguntas muito frequentes em processos seletivos.

- Como você acha que seria o ambiente de trabalho ideal?
- Como você se vê daqui a cinco anos?
- Descreva como era um dia típico de trabalho seu.
- Fale um pouco sobre seus últimos empregos, principais atividades, responsabilidades e desafios.
- Do que mais gosta em sua profissão?
- Do que mais gostava em seu último emprego?
- Do que menos gosta em sua profissão?
- Do que menos gostava em seu último emprego?
- O que você pensa ou deseja em termos de carreira?
- Por que decidiu deixar seu emprego atual?
- Possui disponibilidade para viagens?
- Quais eram suas principais atividades em seu último emprego?
- Qual é sua pretensão salarial?
- Qual o seu interesse pela empresa?
- Você pode trabalhar depois do horário normal do expediente?

Fonte: Ferreira, 2014.

Figura 9.5 Entrevista: Exemplo de roteiro de perguntas

9.2 Cartas empresariais, relatórios e comunicações diversas

9.2.1 Cartas empresariais

As cartas empresariais, muitas vezes também chamadas de cartas comerciais, são importantes porque podem servir como fechamento de negócios, para criar uma imagem positiva da empresa ou ainda como um meio de propagação de propaganda, lançamento de produtos e serviços.

A carta comercial é um meio de comunicação muito usado na indústria e no comércio. A linguagem deve ser clara, simples, objetiva e correta a fim de atender à sua função, que é informar, persuadir e solicitar informações.

Normalmente a carta empresarial possui uma formação padrão, a saber:

- 20 a 25 linhas por página;
- Margens: direita (2 cm); esquerda (3 cm); superior (2 cm); e inferior (2 cm);
- Espaços duplos ou simples entre parágrafos;
- Depois do vocativo colocam-se dois-pontos.

A estrutura geral da carta costuma ser:

- Logo da empresa que envia a comunicação;
- Local e data;
- Índice e número;
- Referência;
- Vocativo.

Vale saber

Vocativo

É usado numa situação de comunicação quando aquele que fala se dirige ao "ouvinte", ou seja, quando quem fala chama, nomeia ou invoca a pessoa com quem está falando, sendo assim um chamamento, uma invocação, um apelo. Pode aparecer no início, no meio ou no fim das frases. Verifique alguns exemplos de vocativos na sequência:

Bruno, estou aqui te esperando!
Venha, Carla, está na hora de dormir.
Não coma tão depressa, rapaz.

A carta comercial deve ser imparcial e impessoal (evitar o uso de opiniões e o excesso de pronomes pessoais) e ter como base pesquisa de informações (arquivos, cartas, relatórios e memorandos). Devem ser selecionadas informações úteis e adequadas que devem ser apresentadas de forma objetiva, breve, clara, coerente, concisa, correta, lógica e específica. As fontes das informações sempre devem ser seguras. Nesse tipo de carta devem ser evitadas gírias e estrangeirismo.

A introdução, o início de uma carta comercial deve ser cordial, criativa e estimular a leitura do restante dela. Alguns exemplos seguem:

Participamos-lhe que...
Desejamos cientificá-los de que...
Comunicamos a V. Sa. que...
Com relação aos termos de sua carta de...

Uma dúvida frequente é como deve ser o fechamento de uma carta comercial. O último parágrafo desse tipo de comunicação deve ser polido, sem excessos. Alguns exemplos de como esse encerramento pode ser feito:

Atenciosamente.
Cordiais saudações.
Saudações.

É importante ainda que as cartas contenham a assinatura do remetente, que deve ser composta de:

Nome de quem assina + cargo ou função que ocupa (SEM traço)

Exemplo:

Patricia Costa Ferreira
Consultora Educacional

Quando há mais de uma pessoa para assinar, seguir: esquerda, direita e abaixo.

Janaina Correia Alcantara   Paulo Almeida Costa
Consultor Educacional   Gerente de Projetos

Joaquim Fernandes Correia
Consultor Educacional

Nem sempre a pessoa autorizada a assinar os documentos está disponível para fazê-lo. Quando isso acontece, e na dependência do teor do documento, outra pessoa, autorizada, pode assinar o documento pelo ausente. A forma de sinalizar isso é utilizar "p/" antes da assinatura, mantendo o nome e o cargo da pessoa de fato responsável.

Quando o documento foi encaminhado para outras pessoas, procede-se da seguinte forma: **c/c:** refere-se a "com cópia".

9.2.2 Atas

A ata é um documento formal que registra um resumo por escrito de fatos e soluções a que chegaram as pessoas convocadas a participar de uma assembleia, sessão ou reunião. Serve como documento para consulta posterior, tendo em alguns casos caráter obrigatório pela legislação.

Vamos aqui abordar as atas que servem para registro de reuniões em uma empresa ou grupo de trabalho. Alguns itens de formatação que as atas normalmente seguem são:

- Devido a ter como requisito não permitir que haja qualquer modificação posterior, quando em arquivo, a ata é enviada em um formato não editável;
- Abreviaturas não devem ser utilizadas;
- Quando há a utilização siglas, estas devem ser abertas em sua primeira ocorrência. Exemplo: *De acordo com as normas da Associação Brasileira de Normas Técnicas (ABNT);*
- Quando for uma ata manuscrita, não deve ter emendas, rasuras ou uso de corretivo (quando a ata estiver sendo manuscrita e for necessária alguma correção, usar a expressão "digo" seguida do texto correto);
- Todos os verbos descritivos de ações da reunião devem ser usados no pretérito perfeito do indicativo (disse, declarou, decidiu...).

A estrutura básica para uma ata pode ser esta:

- Título da reunião;
- Cidade, dia, mês, ano, das h:min até h:min;
- Local da reunião;
- Introdução (Relatar o título da reunião, local, data, hora e participantes);
- Participantes da reunião (Nome completo do participante e especificar de qual instituição ele é);
- Agenda (Relatar a pauta da reunião, os temas a serem tratados e os respectivos responsáveis de cada tema);
- Desenvolvimento (Descrever os temas principais citados na reunião);
- Conclusões (Descrever as conclusões atingidas ao final da reunião e suas respectivas decisões);
- Recomendações (Descrever recomendações e observações feitas no decorrer da reunião);
- Distribuição (Relatar o nome para quem a ata será enviada).

A ata deverá ser assinada por todos os participantes. É comum haver um escriba, uma pessoa que é indicada no início da reunião e que será a responsável pela redação da ata.

Na sequência, um exemplo de ata digital.

Ata de Reunião

Logo da Empresa

Assunto:	XXX	Data:	XXX

B. Informações sobre a Reunião

Hora	
Local	
Objetivos	

C. Participantes	**Empresa**	**e-mail**	**Telefone**

D. Itens Discutidos na Reunião	**Descrição**
1.
2.
3.
4.
5.
6.

E. Próximos Passos

Atividades	Prazo	Responsável	*Status*

Figura 9.6 Modelo de ata de reunião

Um modelo de ata em arquivo está disponível no *site* http://gen-io.grupogen.com.br.

9.2.3 E-mail

O *e-mail*, também chamado correio eletrônico, tem sido bastante usado para comunicações comerciais ou empresariais. Existem alguns direcionadores, que compõem a chamada netiqueta (código de conduta na *web*), que vale a pena conhecer:

- Evite escrever em letras maiúsculas: quando for escrever uma mensagem (seja um *e-mail* profissional ou uma conversa em rede social), evite fazê-lo utilizando letras maiúsculas. Elas acabam sendo usadas como "grito". Uma mensagem inteira pode denotar outro sentido, mesmo sem querer. Também é interessante escrever seus textos de forma clara e objetiva. Negrito, itálico e sublinhado são utilizados apenas em pontos específicos de detalhe. Abusar de *gifs* animados e fontes coloridas também não é uma boa escolha. O vermelho também deve ser evitado, visto estar associado a "pare" e a itens que precisam ser corrigidos;
- Evite escrever em outra língua: a não ser que seja solicitado. Exceções ocorrem caso você trabalhe em uma organização multinacional, por exemplo, em que isso seja não apenas permitido, mas também encorajado;
- Divida seu texto em blocos: quando for escrever uma mensagem e perceber que ela será longa, divida o seu texto em blocos e, se possível, por subtítulos (*bullets* ou marcadores). Mensagens grandes e contínuas são cansativas, ainda mais em uma tela de computador;
- Mande *e-mails* com cópia oculta: quando for enviar *e-mails* para mais de uma pessoa, opte por mandar em cópia oculta, principalmente se essas pessoas não se conhecem ou se elas não devem ser copiadas em uma eventual resposta. Isso diminui a possibilidade de *spams* e mensagens indesejadas;
- Coloque sempre o *subject* (assunto) da mensagem: especificar o assunto ou tema da mensagem ajuda o destinatário a selecionar as mensagens a serem lidas, assim como permite que programas de correio mais sofisticados filtrem ou direcionem essa mensagem para caixas postais previamente definidas;
- Saudação: assim como numa carta, deve ser escrita uma saudação ao começar uma mensagem, como "Oi, Fulano", "Prezado Eduardo", "Caro amigo", "Bom dia (tarde ou noite)" ou *"Dear sir"*;
- Assinatura: todas as mensagens devem ser assinadas, pois muitas vezes o programa de *e-mail* não identifica claramente quem a está enviando. Deve ser colocado o endereço de *e-mail* abaixo

da assinatura. A maioria dos programas de *e-mail* permite que o usuário crie uma assinatura padrão que é inserida automaticamente nas mensagens. É importante ainda que a assinatura contenha um telefone de contato;

- Use *threads*: *thread* é o encadeamento de uma série de mensagens respondendo a uma mensagem original. Para fazer isso, deve ser utilizado o comando *"reply"* do programa de correio eletrônico. Esse procedimento facilita a organização de mensagens sobre assuntos relacionados pelo programa de correio eletrônico;

- Responda aos *e-mails*: todas as mensagens devem ser respondidas. Mesmo que seja apenas uma mensagem curta, deve-se escrever agradecendo e avisando que logo que for possível responderá adequadamente. Algumas empresas estabelecem um prazo máximo em que os *e-mails* devem ser respondidos, como, por exemplo, 48 horas após seu envio;

- Cuidado com a redação de seu *e-mail*: antes de enviá-lo, verifique a ortografia e a gramática, o que, muitas vezes, pode ser feito no próprio programa de correio eletrônico;

- Assinatura de *e-mail* padrão da empresa: é comum que cada empresa adote um padrão para assinatura de *e-mail*, com informações como: Nome completo, cargo, *e-mail*, telefone, razão social da empresa e endereço. Quando ingressar em qualquer organização, procure se informar sobre o padrão adotado e ajuste sua assinatura;

- Moderação no texto: quando for escrever um *e-mail*, pode ser tentador incluir todas as pessoas conhecidas na lista de destinatários. Lembre-se de que sua mensagem é apenas mais uma na caixa de entrada e, se quiser que seja lida com atenção, terá de ser bem elaborada e dirigida apenas àquelas pessoas que tenham interesse em seu conteúdo. Além disso, se você envia para 30 pessoas uma mensagem que precisa de cinco minutos para ser lida, irá consumir mais de duas horas do tempo alheio. Tenha em mente que na tela a leitura torna-se mais fácil se o texto vier em parágrafos curtos;

- Utilização de PSC e PSI: para enviar *e-mails* apenas informativos, use PSC (para seu conhecimento) ou PSI (para sua informação). Os destinatários saberão que se trata de um *e-mail* informativo, que não precisa ser respondido;
- Clareza ao comunicar-se: os *e-mails* tendem a ser mais informais que as cartas e em geral têm um tom mais coloquial. No entanto, alguns destinatários podem interpretar de maneira errada. Ao escrever, pense em quem vai ler e reserve a intimidade para os amigos;
- Abreviações: como cada vez mais pessoas compõem suas mensagens em movimento, às vezes usando o celular como teclado, aumenta a tendência ao uso de abreviações. A necessidade de facilitar o processo deu origem a uma linguagem rica em siglas e palavras de fácil identificação, como, por exemplo, "pq" em vez de "por que" e "vc" no lugar de "você". Não se sinta obrigado a utilizar esse idioma e reserve a linguagem codificada para mensagens enviadas para quem compreende as abreviações. Só abrevie palavras se tiver certeza de que o leitor da mensagem as entende;
- Tom correto: ao escrever um *e-mail* para uma pessoa pela primeira vez, não se sabe ao certo qual tratamento dar e como encerrar a mensagem. Aposte na neutralidade: use "Caro (fulano)" e termine com "Um abraço". Reserve formas mais próximas (como "querido" ou "um beijo") para destinatários que conhece melhor. Tente solucionar questões difíceis por telefone ou pessoalmente. Lembre-se de que tudo que é escrito fica para sempre registrado; logo, todo cuidado é pouco;
- Controle suas emoções: quando estiver nervoso ou aborrecido, preste o dobro de atenção nas mensagens que escrever, pois um *e-mail* que você julga inofensivo pode conter emoções que não precisam ser transmitidas. Escrever com neutralidade em momentos de tensão não é fácil, e a leitura feita pelo destinatário pode agravar ainda mais a situação. Se tiver dúvidas, escreva a mensagem e a salve como rascunho e, depois de algum tempo, leia novamente o conteúdo e faça as alterações necessárias. Outra opção é pedir a opinião de um colega antes de mandar uma

mensagem. Mostre o *e-mail* para uma pessoa não envolvida e peça sua opinião sincera.

Um ponto importante que envolve a comunicação nas empresas é a capacidade da pessoa de realizar apresentações. Apesar de ser um item praticamente obrigatório na agenda de todos aqueles que atuam em organizações, ainda se trata de um assunto temido por muitos. No próximo capítulo iremos apresentar alguns passos que irão ajudá-lo na estruturação de uma boa apresentação.

Resumo Executivo

- O currículo é um instrumento para gerar um primeiro contato entre a pessoa e a organização.
- O currículo é a comunicação que irá abrir – ou não – as portas da organização para você.
- O currículo deve apresentar de forma sintética, elegante, visualmente atraente e sem erros gramaticais informações básicas sobre os candidatos.
- Seleção é a forma como a empresa escolhe, dentre vários candidatos, aqueles que irão ingressar na organização.
- As cartas empresariais podem servir como fechamento de negócios, criar uma imagem positiva da empresa ou como um meio de propagação de propaganda, lançamento de produtos e serviços.
- A linguagem da carta comercial deve ser clara, simples, objetiva e correta para atender à sua função, que é informar, persuadir e solicitar informações.
- A carta comercial deve ser imparcial e impessoal.
- A ata é um documento formal que registra um resumo por escrito de fatos e soluções a que chegaram as pessoas convocadas a participar de uma assembleia, sessão ou reunião.
- A netiqueta (ou código da conduta na *web*) deve ser observada na redação e em comunicações por *e-mail* ou redes sociais.

Teste seu Conhecimento

Vamos verificar o que aprendeu e fixar alguns dos conceitos mais importantes apresentados até aqui?

Caso a pergunta se refira a experiência profissional e você não a tenha, converse com amigos e familiares, pesquise em revistas especializadas ou então apresente seu ponto de vista tendo como base o conteúdo aprendido neste capítulo. Algumas sugestões de resposta seguem ao final do livro.

1. O que é o currículo e qual a sua importância?
2. Que informações básicas um currículo deve ter?
3. O que é um processo seletivo e qual a importância da comunicação no processo?
4. O que são cartas comerciais e qual sua importância?
5. Como deve ser a linguagem utilizada nas cartas comerciais?
6. O que é uma ata?
7. O que é netiqueta e qual sua importância?
8. Indique e explique duas regras da netiqueta que considera as mais importantes.
9. Quando estiver escrevendo um *e-mail* é possível usar e abusar da utilização das letras maiúsculas. Verdadeiro ou falso? Justifique.

10

O PLANEJAMENTO DE APRESENTAÇÕES ORAIS E DA FALA EM CONTEXTOS EMPRESARIAIS

Esperamos que, ao término deste capítulo, você seja capaz de:
- Identificar características pessoais que impactam apresentações orais;
- Reconhecer os principais erros que podem acontecer em uma apresentação;
- Citar os principais *softwares* que podem ser utilizados na elaboração de apresentações e analisar a melhor opção de acordo com seus interesses;
- Escolher a forma de apresentação mais adequada ao seu perfil e ao perfil de seu público;
- Elaborar uma boa apresentação;
- Organizar um *checklist* para maximizar as chances de realizar uma boa apresentação.

> *É fácil saber o que queremos dizer, o que é difícil é dizê-lo.*
> Mario Vargas Llosa (1936-)

No trecho destacado da obra de Llosa fica clara a complexidade de se expressar em algumas situações; nós enfatizaríamos aquelas mais formais, nas quais precisamos apresentar um produto ou uma ideia, por exemplo. A partir do trecho reproduzido, reflita:

- Por que é difícil falar em público?
- Como você pode se preparar para que esse momento seja prazeroso?
- Será que é possível estruturar uma boa apresentação?

Neste capítulo, vamos responder a essas questões.

10.1 Como falar em público?

Quando entramos em uma organização, até mesmo na universidade, uma habilidade que nos é demandada é a de falar em público, ou seja, realizar apresentações orais com níveis diferentes de estruturação e formalização.

Um companheiro muito frequente quando o assunto é falar em público é o medo, que costuma ser o maior obstáculo para uma comunicação eficaz. O medo pode ser do público, do ridículo, de dar vexame e de que o que você tem a dizer possa não valer a pena. Existem formas e dicas que podem ajudar a fazer com que esse medo seja minimizado. Quanto melhor você estiver preparado para falar, melhor a chance de ter um excelente resultado. Vamos ajudá-lo nisso!

Uma primeira questão que se coloca, em especial para aqueles que não gostam de se expor publicamente, é se as pessoas nascem artistas da palavra, ou seja, se falar em público é um dom. Existem características pessoais que facilitam a comunicação em público, tais como a eloquência, o carisma e o domínio dos aspectos verbais e não verbais do processo de comunicação.

Para pensar

Apresentação e processo seletivo

Você sabia que várias empresas têm utilizado apresentações como parte do processo seletivo para ingresso em programas de estágio, *trainee* e até mesmo em vagas de emprego? Imagine que você acaba de receber o seguinte *e-mail*:

Caro Paulo,

Parabéns por ter sido aprovado na primeira etapa de nossa seleção. A próxima etapa será a realização de uma apresentação pessoal em que será necessário que elabore previamente um material considerando que você acabou de criar sua conta no Instagram, que é a rede social mais famosa do momento para compartilhar fotos e vídeos. Abaixo, algumas orientações:

1. *Para montar sua apresentação, você deve abordar todos os tópicos abaixo como guia:*
   - *Dados pessoais (nome, idade, bairro onde mora);*
   - *Histórico familiar (origem, quantos integrantes, com quem você mora etc.);*
   - *Formação acadêmica (curso, previsão de formatura etc.);*
   - *Experiências profissionais (estágio, monitoria etc.);*
   - *Vivências internacionais, caso possua (intercâmbio etc.);*
   - *Interesses pessoais (hobbies, curiosidades etc.).*
2. *Você poderá utilizar vídeo, música, teatro,* slides *ou outras formas de apresentação. Lembre-se de que o material deve ser rodado off-line. Seja criativo e nos surpreenda!*
3. *Personalize seu Instagram! Marque pessoas, nomeie o local da foto, escreva a legenda e não se esqueça de colocar as* hashtags.
4. *Você terá até três minutos para fazer sua apresentação, seja objetivo.*
5. *Não deixe de levar a sua apresentação no dia previamente agendado.*

Como você se sente tendo de falar, apresentar, para um grupo de pessoas?

Mas o que seriam os aspectos verbais e não verbais? A Figura 10.1 ilustra alguns dos itens que devem ser foco de sua atenção.

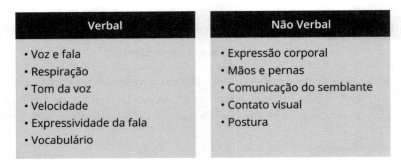

Figura 10.1 Aspectos verbais e não verbais

Pareceu muito complicado? Vamos explicar item a item, fique tranquilo.

Os elementos verbais da comunicação são todos aqueles relacionados às palavras que estão sendo transmitidas. Envolvem desde a forma que respiramos (por exemplo, se estivermos muito nervosos, poderemos falar quase sem respirar; logo, a velocidade da fala será grande e isso impactará na compreensão da plateia sobre o que está sendo dito), a velocidade (se falamos muito devagar, fica monótono e cansativo; contudo, se falamos rápido demais, fica difícil compreender o que estamos dizendo), o tom da voz (alguém que fala sem entonação, sem variar o volume, sem modular a voz serve como um sonífero para quem assiste); a fala também tem de ter "cor", ou seja, a entonação tem de ser modulada para dar vida ao que está sendo dito, ela tem de ser expressiva. Outro ponto muito importante é o vocabulário, tanto em termos de adequação à audiência como em termos de variação; é importante ter um repertório de palavras, seus sinônimos e antônimos, porque eles sempre ajudam quando há algum esquecimento ou necessidade de melhor explicar algum ponto ou item.

Entre os aspectos não verbais da comunicação destacamos alguns importantes. A postura do seu corpo tem de ser condizente com o que você fala. Você não pode, por exemplo, falar de uma grande conquista sentado, imóvel, sem mover as mãos. Para falar a verdade e isso é minha opinião, acho que quem faz uma apresentação não deve ficar sentando. Sua fisionomia também deve ajudar a respaldar o que as palavras significam: você não pode contar uma piada e ficar com o semblante triste. A postura deve ser elegante sempre e ser usada também como forma de enfatizar o que se quer transmitir com as palavras. Outro ponto importante é que devemos falar sempre olhando para nossos ouvintes. Para muitos, que têm medo de "encarar" os olhos da audiência, pode-se inicialmente olhar apenas para algumas pessoas ou uma pessoa específica, até que se tenha segurança para abarcar todos com o olhar. As pessoas se sentem, de certa forma, vistas e privilegiadas e tendem a se concentrar mais em quem fala quando há contato visual.

Deve-se lembrar de que os elementos verbais e os não verbais da comunicação se complementam e devem seguir juntos, um enfatizando o outro. Quanto mais alinhados estiverem, melhor será a atenção dos ouvintes e o nível de absorção do que está sendo falado.

Separamos algumas dicas do que deve ser evitado tanto na comunicação verbal como na não verbal. Dê uma olhada nos itens que seguem:

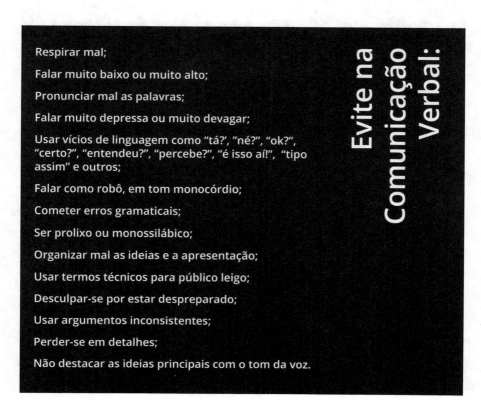

Figura 10.2 Evite na comunicação verbal

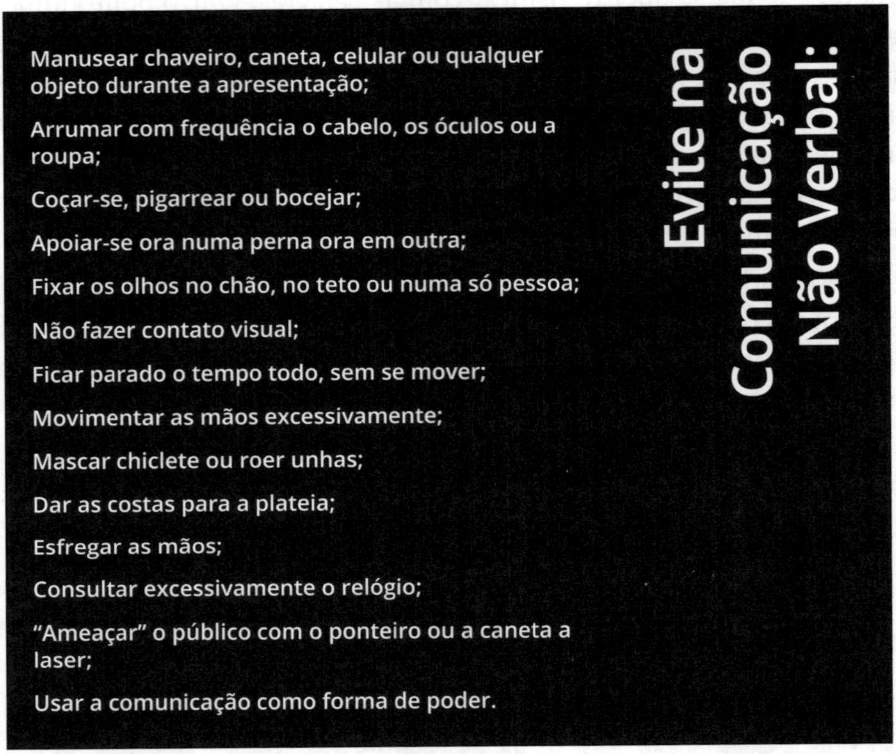

Evite na Comunicação Não Verbal:

- Manusear chaveiro, caneta, celular ou qualquer objeto durante a apresentação;
- Arrumar com frequência o cabelo, os óculos ou a roupa;
- Coçar-se, pigarrear ou bocejar;
- Apoiar-se ora numa perna ora em outra;
- Fixar os olhos no chão, no teto ou numa só pessoa;
- Não fazer contato visual;
- Ficar parado o tempo todo, sem se mover;
- Movimentar as mãos excessivamente;
- Mascar chiclete ou roer unhas;
- Dar as costas para a plateia;
- Esfregar as mãos;
- Consultar excessivamente o relógio;
- "Ameaçar" o público com o ponteiro ou a caneta a laser;
- Usar a comunicação como forma de poder.

Figura 10.3 Evite na comunicação não verbal

10.2 Sete passos para realizar uma boa apresentação

Existem técnicas que podem ajudá-lo nesse processo. Observe os passos que sugerimos que siga para preparar uma boa apresentação:

Figura 10.4 Sete passos para uma apresentação eficaz

Vamos detalhar cada uma das etapas na sequência, ok?

1. Estabeleça seus objetivos

O primeiro ponto consiste em entender o porquê da apresentação, ou seja, quais são os objetivos que devem ser atingidos. Alguns motivos frequentes são: vender, informar, educar, motivar, entreter, comemorar, entre outros.

Somente sabendo o que se deseja que o público tenha conhecimento ao fim da apresentação é que será possível prepará-la. Sem a especificação dos objetivos da apresentação não há como garantir um resultado adequado.

Ao final de uma apresentação, espera-se que os ouvintes possuam alguma compreensão sobre o que foi falado. A exposição do assunto é a meta a ser cumprida pelo apresentador.

Se o apresentador não definir o que irá falar com antecedência suficiente, ficará impossibilitado de tomar outras providências consideradas necessárias para uma apresentação adequada, tais como: selecionar informações, definir os recursos necessários e se preparar para a apresentação.

É importante, nesta etapa, identificar as seguintes informações:

- Quanto tempo tenho para a apresentação?
- Existe acesso à internet?
- Como é a iluminação e a ventilação do local da apresentação?
- Possui quadro branco (ou similar, como, por exemplo, *flip chart*)?
- Tem tomada? A voltagem é compatível com a dos aparelhos a serem utilizados?
- Há um computador disponível? E *datashow*? Caixas de som?
- Como é a disposição das cadeiras no local da apresentação?
- Existe microfone disponível caso a sala seja muito ampla ou haja muito barulho no ambiente?

O apresentador pode obter esses detalhes visitando o local da apresentação e/ou entrando em contato com os organizadores do evento, o professor da disciplina, a pessoa responsável pela infraestrutura da empresa, por exemplo. Agindo assim, aumenta-se a chance de realizar uma boa apresentação e diminui-se a probabilidade de ficar ansioso com surpresas no momento em que tiver de se apresentar.

Depois de definido o tema, deve-se decidir que tipo de informações serão fornecidas. Conceitos? Dados históricos? Exemplos? Gráficos? Tabelas? Fotos/desenhos? Descrições?

Antes de tomar a decisão, sugerimos que reflita sobre algumas questões:

- Que informações podem tornar minha apresentação mais clara e agradável?
- De acordo com o tempo que terei para apresentar, quais informações posso dar?

- Considerando meu público, qual a abordagem mais adequada?
- Considerando os recursos disponíveis, qual a melhor forma de realizar a apresentação?

É importante que as informações selecionadas para apresentação sejam organizadas em algum tipo de ordem, como, por exemplo, cronológica ou de complexidade (primeiro as informações mais simples, que servirão de subsídios para as mais complexas).

Após esta primeira etapa é importante conhecer em detalhes o público para quem a apresentação será realizada.

2. Análise do público

Considerar as características da audiência é importante para definir a apresentação. Não existem apresentações boas por si mesmas, ou seja, que sejam adequadas para qualquer ocasião. Cada uma é única, e parte considerável dessa especificidade depende das características da audiência.

Mas quais são os pontos que importam em relação ao público? Alguns podem ser específicos de determinada situação; contudo, alguns itens são, quase sempre, relevantes:

❑ Quantos são os ouvintes?
❑ O que têm em comum?
❑ Em que diferem uns dos outros?
❑ O que sabem sobre o assunto (quando já existe uma definição prévia)?
❑ O que pensam sobre o assunto?
❑ Qual a faixa etária?
❑ De qual sexo são?
❑ Qual é o nível de escolaridade?
❑ Qual a profissão?
❑ Qual é o nível de renda que possuem?
❑ Os integrantes da plateia já se conhecem?

A análise desses itens permitirá que a apresentação seja preparada considerando as particularidades e características gerais de cada público-alvo e também suas expectativas.

Sempre comece a preparar sua apresentação tendo claro quem é sua audiência. Se não dispuser de informações suficientes, identifique possíveis fontes com quem possa descobrir. É um fator crítico de sucesso conhecer o tipo de audiência que terá.

Outro ponto que deve ser pensado é a vestimenta, o traje do apresentador. Um apresentador mais jovem, expondo suas ideias para uma plateia mais madura, pode ter suas ideias mais bem apreendidas com a escolha de roupas mais sóbrias, formais. Em contrapartida, uma apresentação para pessoas mais jovens, ainda que séria, pode ser mais descontraída, assim como a vestimenta daquele que apresenta.

Depois de conhecidas as características principais da audiência, o próximo passo é preparar um plano de apresentação, o que será detalhado em seguida.

3. Prepare um plano de apresentação

O terceiro ponto a considerar é preparar um plano de apresentação. Você sabe o que é isso?

O plano de apresentação é um esquema, um roteiro que detalha a ordem dos assuntos que serão abordados, o material necessário (caso tenha algum) e o tempo que cada tópico ou conjunto de tópicos deve durar.

O esquema pode ser uma simples tabela em um editor de texto até uma planilha, que faz o recálculo automático do tempo, caso haja algum imprevisto e alterações se façam necessárias.

Na sequência, apresentamos dois exemplos de planos de apresentação:

Quadro 10.1 Plano de apresentação em editor de texto

Assunto	Slides	Tempo (em minutos)	Material necessário
Sete Passos da Apresentação – introdução	1	5	Slides
Exemplo de apresentação bem-sucedida	2	15	Vídeo (arquivo) e caixas de som
Apresentação dos Sete Passos	3, 4, 5, 6, 7 e 8	30	Slides
Atividade prática	9	40	

Plano de Apresentação de XX a XX/XX/XXXX					
Objetivo geral: XXXX **Público-alvo:** XXXX **Carga horária total:** XXXX horas					
Horário	Tempo	Conteúdo	Estratégias	Materiais didáticos/recursos instrucionais	
00:00	00:05				
00:05	00:50				
00:55	00:10				
01:05	00:05				
01:10	00:10				
01:20	00:10				
01:30	00:20	*Coffee break*			
01:50	00:15				
02:05	00:15				
02:20	00:15				
02:35	01:00	Almoço			
03:35	00:15				

Figura 10.5 Plano de apresentação em Excel

Gostou dos modelos? Eles estão disponibilizados no *site* http://gen-io.grupogen.com.br para você.

As linhas e colunas (quantidade e conteúdo) devem ser adaptadas considerando os objetivos da apresentação e o tempo disponível. Caso, por exemplo, mais de uma pessoa conduza a apresentação, é interessante acrescentar mais uma coluna "Responsável" para que não haja dúvida sobre qual trecho é de responsabilidade de cada um.

Depois de definido o plano, os itens que serão abordados, o tempo para cada item e o responsável pela apresentação, deve-se selecionar o material de apoio necessário para a realização da apresentação.

4. Seleção do material de apoio

Ao elaborar o plano de apresentação já houve uma identificação inicial do material de apoio que será necessário; contudo, sempre vale a pena fazer uma última verificação e adequações, caso necessário.

É importante, ao selecionar o material de apoio, considerar que deve ser escolhido de acordo com o tipo de apresentação e com os objetivos desta. Alguns exemplos de materiais de apoio bastante utilizados:

- Textos;
- Vídeos;
- *Slides*;
- Exercícios;
- Músicas;
- Jogos.

Sobre os vídeos, sugerimos que sejam levados em arquivo (em *pen drive* e DVD, por exemplo), pois contar que haja internet e que ela seja de rápida conexão pode levar qualquer apresentação ao fracasso muito rapidamente.

5. Organize o material

O próximo passo é organizar o material da apresentação, inclusive os *slides*. O primeiro *slide*, normalmente, contém o tema que será apresentado – o título da apresentação – e também o nome do apresentador ou dos apresentadores.

Sugere-se que no segundo *slide* haja um sumário, uma relação dos itens que serão abordados no desenvolvimento da apresentação.

Além da saudação inicial antes de começar a fala, tal como "bom dia, boa tarde, boa noite", sugerimos que haja a apresentação do orador, um breve resumo sobre quem é e o que está fazendo naquele local e momento. Pode-se ainda deixar o nome escrito em um *flip chart* ou quadro branco. Segue-se uma introdução sobre o assunto geral, o tema, e parte-se para o desenvolvimento do conteúdo propriamente dito, que é quando as ideias do plano de apresentação ou roteiro serão colocadas em prática. Algo que deve ser planejado previamente e que pode variar em função dos objetivos da apresentação e do perfil do apresentador, bem como do tempo disponível, é se as perguntas serão bem-vindas a qualquer momento ou apenas ao final da exposição. Questionamentos ao longo da explanação ajudam a tornar a fala mais dinâmica, contudo, demandam mais tempo e foco do apresentador, que não pode deixar que o objetivo central não seja atingido.

Toda apresentação deve ter início, meio e fim. O tempo dela deve ser muito bem controlado, visto que não pode sobrar nem faltar tempo. Sugerimos que o apresentador tenha um "plano B" caso sobre muito tempo. Esse ponto será abordado em breve. Existem "passadores de *slides*", que possuem cronômetro e que vibram cinco minutos antes do tempo registrado, que são ótimos recursos de controle de tempo. Recorrer a um celular programado para vibrar sobre uma mesa ou bolso ou ainda contar com a ajuda de algum amigo para controlar o tempo também são recursos válidos. O que não pode ocorrer é o apresentador olhar de cinco em cinco minutos para o relógio, pois transmite ansiedade e também pode despertar a atenção do público para a questão do tempo, da duração da apresentação.

É importante que haja uma conclusão da apresentação, um resumo das ideias e dos pontos principais. Uma possibilidade é usar o *slide* do sumário ao final, destacando o que de mais importante foi apresentado sobre cada um dos itens. É uma ótima forma também de sinalizar à plateia que os objetivos foram atingidos. É possível utilizar ao final um *slide* com a palavra "Perguntas ou Dúvidas"; pode até mesmo haver apenas uma imagem que denote que é o momento de questionamentos serem feitos e de dúvidas serem apresentadas. Nem todas as apresentações precisam ter esse espaço para dúvidas. É indicado ainda que seja feito um último *slide* com "obrigado ou obrigada", caso o apresentador seja homem ou mulher, e a disponibilização de um *e-mail* e/ou telefone de contato. É simpático sinalizar que as pessoas podem fazer contato, caso tenham se interessado pelo assunto ou queiram trocar alguma ideia. Se os contatos forem disponibilizados, é importante que o retorno seja dado a todos aqueles que enviarem mensagens.

Quando você for montar sua apresentação, selecione o *software* que irá utilizar. Os mais comuns são o PowerPoint (Microsoft Office) e o Prezi.

Vale saber

Softwares gratuitos para elaboração de apresentações

Existem outros *softwares* no mercado, gratuitos ou pagos, em que as apresentações podem ser elaboradas, como por exemplo:

- Google Apps for Work (pago) – https://www.google.com/intx/pt-BR/work/apps/business/
- emaze (gratuito) – https://www.emaze.com/pt/
- Haiku Deck (iPad) (gratuito) – https://www.haikudeck.com/
- Pixxa Perspective (iPad) (pago) – http://www.pixxa.com/

Exercício de aplicação

Softwares de apresentações

Qual *software* você costuma utilizar para realizar apresentações? Está satisfeito com ele? Certamente ele possui aspectos de que gosta e outros que deixam um pouco a desejar, como qualquer outro. Que tal avaliar algum dos que citamos aqui no livro? Utilize a tabela que segue para registrar sua análise. Quem sabe não é o momento de você experimentar algo novo?

Software	Análise		
	Características	Vantagens	Desvantagens

Vamos falar agora sobre alguns cuidados que devemos ter, independentemente do *software* escolhido:

- Fonte do texto e fundo do *slide*: a escolha do tipo e do tamanho da fonte do texto deve considerar tanto o local onde a apresentação ocorrerá como o público-alvo e os objetivos da apresentação. Letras muito grandes podem dar a impressão de que não se tem muito o que falar, e letras muito pequenas ficam ilegíveis, principalmente em ambientes mais amplos. O tamanho mínimo de fonte que aconselhamos que seja usado em qualquer apresentação é Arial 24; logicamente o tamanho da sala ou do auditório deve ser considerado, sempre que essa informação estiver acessível. É importante tomar cuidado com a escolha da cor da fonte de seu texto: evite cores "berrantes" e o excesso de cores, que podem distrair o leitor. É sempre aconselhável escolher cores de contraste entre a fonte e o fundo (exemplo: branco e preto). Algumas cores devem ser evitadas, como por exemplo o vermelho, que normalmente significa algo errado. É importante usar com cuidado palavras compostas apenas por letras maiúsculas; sugere-se que isso seja feito apenas em seções específicas, como, por exemplo, nos títulos;
- Quantidade de texto em cada *slide*: o *slide* deve ser um guia para sua apresentação. Colocar muito texto, orações e parágrafos inteiros, por exemplo, deixa a apresentação "poluída", ou seja, visualmente feia, deselegante. Além disso, pode levar a audiência a querer ler o que está escrito no *slide* em vez de prestar atenção naquele que apresenta;
- Imagens: é sempre indicado preparar *slides* com imagens, gráficos, esquemas e fluxogramas, que devem ilustrar o conteúdo da fala do apresentador;
- Transições e efeitos: devem enfatizar o que se quer dizer e não distrair o leitor. Utilize esses recursos, mas não exagere. Se tiver um dispositivo que passe os *slides* de forma que você não fique preso ao lado do computador, sugerimos que tente utilizar

transições e efeitos; caso não tenha, opte por uma apresentação mais simples, objetiva e direta.

> **Para pensar**
>
> Observe o exemplo de *slide* abaixo. O que acha dele? 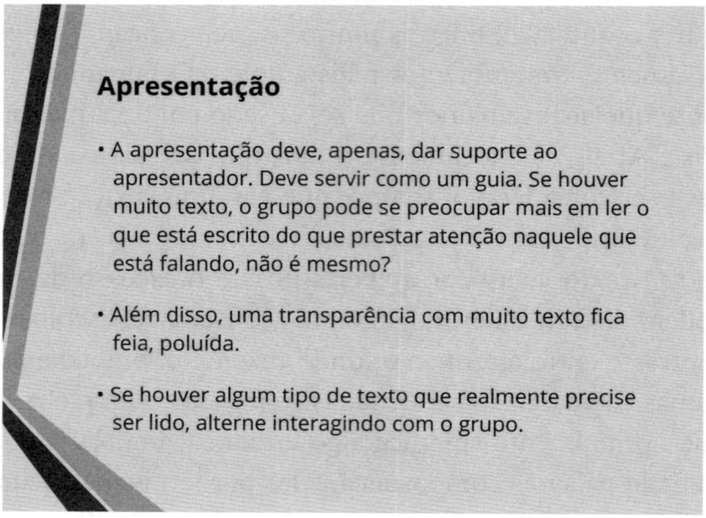
>
> **Apresentação**
>
> - A apresentação deve, apenas, dar suporte ao apresentador. Deve servir como um guia. Se houver muito texto, o grupo pode se preocupar mais em ler o que está escrito do que prestar atenção naquele que está falando, não é mesmo?
>
> - Além disso, uma transparência com muito texto fica feia, poluída.
>
> - Se houver algum tipo de texto que realmente precise ser lido, alterne interagindo com o grupo.
>
> **Figura 10.6** *Slide*: Exemplo 1
>
> Tem muito texto, não é mesmo? Tem frases completas, incluindo pontuação. É algo que pode constar em um trabalho escrito, mas não em uma apresentação.
>
> Você sabe por quê? Dê uma olhada no *slide* a seguir e compare com o anterior. Você consegue perceber diferenças?

> **Para pensar**
>
>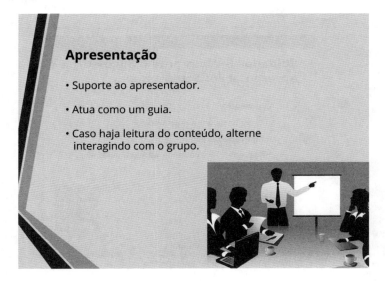
>
> Figura 10.7 *Slide*: Exemplo 2
>
> É exatamente o que está escrito no *slide*: a apresentação deve, apenas, dar suporte ao apresentador. Deve servir como um guia. Se houver muito texto, a audiência pode se preocupar mais em ler o que está escrito do que em prestar atenção naquele que apresenta. Além disso, como já dito, uma transparência com muito texto fica feia, poluída, visualmente desagradável. Se houver algum tipo de texto que realmente precise ser lido, você deve alterná-lo, interagindo com o grupo.

Em resumo, os *slides* têm de ter pouco texto, em formato de marcadores ou *bullets*, e devem ainda possuir imagens para ilustrar o que está sendo dito pelo apresentador.

Caso o PowerPoint seja escolhido, existe um campo "anotações" que você pode utilizar para registrar um texto mais completo, uma "cola" com os pontos que vai abordar de uma forma mais detalhada. Observe as ilustrações que seguem:

182 CAPÍTULO 10

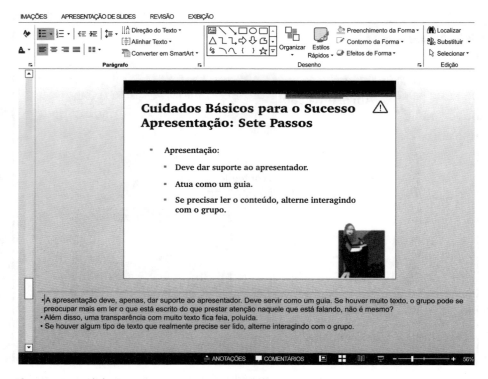

Figura 10.8 *Slide*: Espaço para anotações do apresentador

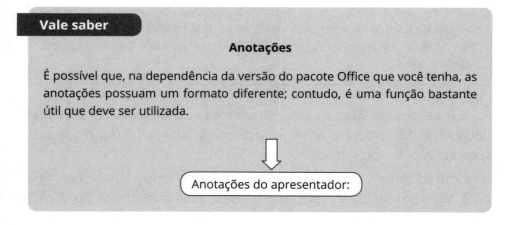

Após ter todo o material preparado e organizado, é o momento de praticar a apresentação.

6. Pratique a apresentação

Muitas pessoas acreditam, ao assistir a algumas apresentações, que os oradores são artistas da palavra, mestres da persuasão. Na maior parte das vezes, contudo, o que houve foi uma grande preparação daquilo que seria falado e da forma com que seria falado. Quanto mais ensaios houver, maior a chance de que a apresentação flua com naturalidade e segurança. Ensaiar, principalmente quando se tem pouca experiência e familiaridade com apresentações, é fator crítico de sucesso para uma apresentação bem-sucedida.

Quanto mais prática você tiver na realização de apresentações, melhor. Sentir-se confortável perante uma audiência nem sempre é fácil e, na maior parte das vezes, depende de muita prática. Sugerimos que treine sua apresentação falando para amigos, familiares ou até para si mesmo. Pode utilizar filmagem ou até mesmo espelho para identificar características da fala e da postura, bem como para ajudar na memorização do que deve ser abordado.

Consideramos útil ter sempre um plano de apoio, caso haja algum problema ou imprevisto, o que será detalhado a seguir.

7. Prepare um plano de apoio

Por mais que tenhamos tido cuidado e seguido os seis passos citados, é importante ter sempre um plano "B" ou um plano de apoio, visto que imprevistos sempre acontecem. Que tipo de imprevisto é comum?

- Problemas nos recursos visuais;
- Falha de energia;
- Indisposição pessoal;
- Interrupções inesperadas;
- Atraso para iniciar a apresentação;
- Perda de raciocínio ou o famoso "branco".

É importante considerarmos os imprevistos citados e deixar uma alternativa preparada. Levar um vídeo extra, ser capaz de falar sem o auxílio de recursos visuais, saber lidar com perguntas ou interrupções inesperadas e contar com a apresentação impressa, para consulta, caso necessário, são dicas bastante úteis e que podem ajudar.

10.3 Dicas para a realização de uma boa apresentação

A apresentação propriamente dita pode ser dividida em três grandes blocos: abertura, desenvolvimento e conclusão. Na sequência, detalharemos cada uma dessas etapas e daremos algumas dicas sobre elas:

Abertura	Desenvolvimento	Conclusão
• Lembre-se de iniciar dando as boas-vindas; • Apresente-se aos demais integrantes do grupo, caso a apresentação não seja individual; • Inicie com um sumário, uma descrição dos itens que serão abordados; • Indique se poderão ser feitas perguntas ao longo da apresentação ou apenas no final; • Deixe bem claro os objetivos da apresentação; • Ressalte a importância do assunto que será apresentado; • Demonstre a aplicabilidade do tema em questão.	• Desenvolva assuntos em sequência lógica; • Ilustre com exemplos, dados, fatos, comparações e analogias; • Faça contato visual com sua audiência; • Verifique se os assuntos abordados estão sendo adequadamente compreendidos; • Mostre a importância e ou aplicabilidade de cada conteúdo.	• Destaque os principais pontos apresentados e ressalte sua importância; • Coloque-se à disposição para esclarecer dúvidas ou responder aos comentários; • Agradeça à plateia por seu tempo e participação; • Indique uma forma de contato ao final, caso alguém deseje esclarecer alguma dúvida ou fazer alguma pergunta.

Vale saber

Steve Jobs e suas apresentações

Você talvez já tenha ouvido falar de Steve Jobs como exemplo de um excelente apresentador. Você concorda? Será que ele nasceu artista da palavra? Confira como Jobs preparava suas apresentações no endereço que segue:

http://economia.ig.com.br/planejamento-e-ensaio-segredos-das-apresenta-coes-de-steve-jobs/n1597259624546.html (acesso em: out. 2015).

Ainda em relação a dicas, elaboramos um *checklist* que certamente irá ajudá-lo. Vale a pena imprimir ou salvar no celular, para consulta sempre que necessário.

Checklist

- Lembre-se sempre de apresentar-se e dar boas-vindas;
- Confirme sempre a reserva da sala para evitar imprevistos;
- Zele para que a sala não seja nem muito ampla nem muito pequena;
- Verifique se existe espaço apropriado para projeções e tomadas;
- Visite a sala, verifique a arrumação mais adequada e se acostume ao espaço;
- Conheça seu público e escolha roupas apropriadas;
- Faça contato visual, fale com a plateia;
- Crachás bem visíveis facilitam o contato;
- Não seja arrogante nem prepotente;
- Evite afobação e não seja explosivo ou agressivo;
- Tenha consciência de si e de seus gestos;
- Varie o tom e a altura de sua voz;
- Pratique sua apresentação;
- Evite vícios de linguagem;
- Tenha sempre um plano B;
- Evite concentrar sua atenção em apenas uma pessoa;
- Não interrompa aquele que pergunta;
- Se não houver a resposta a alguma pergunta, reconheça;
- Adeque seu vocabulário ao público-alvo;
- Evite ler em voz alta;
- Varie os métodos didáticos para evitar monotonia;
- Não aborde assuntos demais;
- Não atrase;
- Fique atento ao tempo;
- Ao final, agradeça a participação de todos;
- Tenha atenção para os elementos não verbais (tanto os seus como os da audiência).

Outro ponto importante quando falamos sobre comunicação empresarial é compreender a comunicação como um dos pilares para a produção e gestão da inteligência empresarial nas organizações, assunto que será abordado na sequência.

Estudo de caso

Carlos Augusto sempre foi favorável a uma comunicação face a face. Não gosta muito de usar *e-mails* e redes sociais como forma de comunicação e não está feliz com algumas mudanças que estão sendo implementadas. Ele recebeu um *e-mail* da pessoa recém-contratada para realizar a gestão de pessoas na empresa e ficou furioso com o fato de ela ter tomado a liberdade de realizar o envio para todos os "seus" empregados. Assim sendo, ainda com muita raiva, enviou para ela – e com cópia para todos da empresa – o seguinte *e-mail*:

"CARA MAGALI

COMPAREÇA AO MEU ESCRITÓRIO COM URGÊNCIA."

O texto estava em negrito e na cor vermelha. O que você achou da reação de Carlos Augusto? Ele cometeu algum erro na redação de seu *e-mail*? Qual(is)? Que sugestões você daria a ele, considerando o que foi visto neste capítulo?

Resumo Executivo

- Em apresentações, é importante dar atenção tanto aos aspectos verbais como aos não verbais da comunicação.
- Elementos verbais da comunicação relacionam-se às palavras transmitidas.
- Elementos não verbais da comunicação referem-se à forma como o apresentador se comporta.
- Passos importantes para realizar uma boa apresentação: estabelecer objetivos, analisar seu público, preparar um plano de apresentação, selecionar material de apoio, organizar o material, praticar e preparar um plano de apoio.
- Sempre comece a preparar sua apresentação tendo claro quem é sua audiência.
- Levante informações sobre sua audiência para maximizar as chances de ter uma apresentação bem-sucedida.

- É importante ter atenção à vestimenta, ao traje do apresentador.
- Depois de conhecidas as características principais da audiência, o próximo passo é preparar um plano de apresentação.
- A apresentação propriamente dita pode ser dividida em três grandes blocos: abertura, desenvolvimento e conclusão.

Teste seu Conhecimento

Vamos verificar o que aprendeu e fixar alguns dos conceitos mais importantes apresentados até aqui?

Caso a pergunta se refira à experiência profissional e você não a tenha, converse com amigos e familiares, pesquise em revistas especializadas ou então apresente seu ponto de vista tendo como base o conteúdo aprendido neste capítulo. Algumas sugestões de resposta seguem ao final do livro.

1. Como você se sente ao falar em público? É uma habilidade que já tem ou que não receia desenvolver?
2. Cite três aspectos da comunicação verbal e três da não verbal com os quais deve preocupar-se no momento de realizar uma apresentação.
3. Quais são os sete passos que sugerimos que devem ser dados para preparar uma boa apresentação?
4. Considerando os sete passos que identificou acima, qual deles você acha que merece uma maior atenção e por quê?
5. Assinale com verdadeiro os itens que devem ser considerados antes de iniciar a preparação de uma apresentação:
   ( ) Tempo disponível
   ( ) Acesso à internet
   ( ) Tipo de iluminação e de ventilação do local da apresentação
   ( ) Se possui quadro branco. Há um computador disponível? E *datashow*? Caixas de som?
   ( ) Organização das cadeiras no local da apresentação
   ( ) Se existe microfone

6. Qual a importância da análise do público antes da preparação de uma apresentação?
7. O que é o plano de apresentação e qual a importância dele na preparação de uma boa apresentação?
8. Que itens podem ser considerados material de apoio de uma apresentação?
9. Que cuidados devem ser tomados ao se preparar os *slides* que irão compor a apresentação?
10. O que você achou da sugestão de praticar a apresentação antes de ela ser realizada?

COMUNICAÇÃO E INTELIGÊNCIA EMPRESARIAL

Esperamos que, ao término deste capítulo, você seja capaz de:
- Definir o que é inteligência empresarial;
- Descrever os três diferentes tipos de inteligência empresarial;
- Demonstrar como a inteligência empresarial se concretiza nas organizações;
- Relacionar a comunicação estratégica à inteligência empresarial.

O primeiro dever da inteligência é desconfiar dela mesma.
Albert Einstein (1879-1955)

Neste capítulo, falaremos sobre a comunicação como um dos pilares para a produção e gestão da inteligência empresarial nas organizações. Para que possamos começar de forma adequada, é importante que estejamos alinhados sobre os conceitos de inteligência e inteligência empresarial.

Inteligência, no senso comum, está ligada à capacidade que um indivíduo tem de conhecer, compreender e aprender, uma sequência que nos parece fazer sentido: primeiramente somos expostos a algo, o compreendemos e, finalmente, o aprendemos. Podemos exemplificar esse processo com a aquisição da linguagem: quando crianças, somos expostos a ela pelo contato que mantemos com as pessoas que estão mais próximas de nós (nossos pais, irmãos mais velhos, avós etc.) e, a partir do momento em que começamos a compreendê-la, também começamos a aprender como utilizá-la. Esse exemplo é bastante proveitoso para explicarmos o conceito de inteligência porque nos mostra que aquilo que conhecemos, compreendemos e aprendemos sempre parte do social para o individual, exceto, evidentemente, as aprendizagens de cunho mais biológico, como se alimentar ou buscar proteção.

A importância da inteligência está no fato de que ela nos torna pessoas mais críticas, capazes de relacionar informações para construir conhecimentos. Daí começarmos este capítulo com a epígrafe de Einstein que nos diz ser dever da inteligência "desconfiar dela mesma", alertando-nos para a criticidade inerente à própria inteligência.

Mas será que as noções de conhecer, compreender e aprender também se aplicam às organizações?

Inteligência empresarial

Comecemos este tópico respondendo objetivamente à pergunta do anterior: sim! A inteligência empresarial reside na capacidade de a organização conhecer, compreender e aprender constante e progressivamente. Costumamos dizer que uma empresa deve monitorar o ambiente no qual está inserida, de modo que possa adaptar suas estratégias e construir vantagens competitivas. Ora... Como não falar em inteligência empresarial nessa situação?

A inteligência empresarial foi concebida a partir de três propósitos:

1. Inteligência defensiva

Ajuda a organização a evitar as possibilidades de surpresas. É fundamental que ela monitore frequentemente os possíveis impactos aos seus processos para que a gestão seja imediatamente alertada caso algo fuja do controle.

2. Inteligência passiva

Preocupa-se em avaliar o desempenho da empresa, apoiando as ações de planejamento e controle. Também ajuda a monitorar o atingimento dos objetivos da organização.

3. Inteligência ofensiva

Busca oportunidades de negócios. Toda companhia precisa estar atenta a novas oportunidades, investindo tempo e recurso quando elas são identificadas.

Exercício de aplicação

O que monitorar?

Apresentamos os três propósitos que motivaram a concepção da inteligência empresarial nas organizações. Perceba que cada um deles está relacionado a uma postura da empresa diante de seu cenário externo.

Descreva, com suas palavras, o que deve ser monitorado a partir da definição de cada um desses propósitos.

	Monitorar
Inteligência defensiva	
Inteligência passiva	
Inteligência ofensiva	

Esses três propósitos nos mostram que falar em inteligência empresarial significa falar em produção de conhecimentos. As empresas e a sociedade de modo geral estão imersas em um cenário no qual se produzem conhecimentos científicos e tecnológicos intensivamente, daí chamarmos o período que vivemos de sociedade do conhecimento (CASTELLS, 2011). Esse é um modelo de sociedade que tem a informação na base do seu desenvolvimento, já que ela possibilita a geração de novos conhecimentos, e é fator decisivo para a tomada de decisões, inclusive no meio corporativo.

Toda sociedade é dinâmica e está constantemente se transformando. Você se lembra que falamos no Capítulo 5 como nossa sociedade está inserida em um ambiente no qual as tecnologias digitais se fazem cada vez mais presentes e imprescindíveis? Temos, de fato, um novo paradigma, no qual informação e conhecimento são elementos fundamentais na nossa cultura. Esses elementos tornam-se, então, indispensáveis na condução dos negócios no mundo corporativo: ter acesso às informações do ambiente é fundamental para uma empresa prosperar. Mas ter acesso à informação não é condição suficiente para tal; é preciso saber utilizá-la de forma eficiente e, por que não dizer, de forma inteligente.

Mas que tal definirmos a expressão *inteligência empresarial* a partir dos estudos de dois pesquisadores da Administração? Haeckel e Nolan (1993) esclarecem que a inteligência nas corporações corresponde à habilidade de lidar com a complexidade do ambiente externo, compreendendo questões que possam afetar os negócios de forma positiva ou negativa.

Quando nos referimos ao ambiente externo, queremos apontar para:

a) **Os competidores**

Aqui, é importante acompanhar a participação da empresa no mercado, as estratégias de marketing dos concorrentes, novos projetos que surgem em outras organizações, custos e preços etc. É preciso monitorar como os concorrentes se posicionam no mercado, suas estratégias e suas perspectivas de crescimento.

b) **Os clientes**

É preciso compreender o que faz com que um consumidor seja seu cliente, ou seja, quais atributos da empresa são valorizados pelo consumidor, motivando-o a consumir nela, e não em outra companhia. Além disso, deve-se entender como o mercado está segmentado, o perfil socioeconômico dos compradores e a distribuição geográfica desse público.

c) **A tecnologia**

Como as tecnologias que impactam no negócio vêm evoluindo? Há tendência de substituição? Quais os incentivos do governo para a busca de novas tecnologias? Essas são importantes questões para avaliar as mudanças de tecnologias a partir do cenário externo à organização.

d) **Políticas governamentais**

Acompanhar as prioridades do governo, sua política energética, ecológica e econômica e as possibilidades de investimento e financiamento situa a empresa na estrutura macropolítica de sua área de atuação.

e) Situação geopolítica

Uma empresa também precisa acompanhar a evolução da política econômica dos grandes países e as tendências dos grandes mercados consumidores. Mesmo uma empresa de pequeno porte pode ser afetada por essas questões.

f) Fatores socioeconômicos

Como se dá a relação entre os preços e o poder aquisitivo dos consumidores é um importante indicador externo, que traz informações valiosas para a companhia. Mudanças nos hábitos de consumo, inflação, necessidades de deslocamento urbano, sindicatos etc., enfim, são muitos os fatores socioeconômicos que podem afetar o negócio de uma empresa. Quanto mais eles forem acompanhados, mais preparada a organização estará para lidar com eles.

Exercício de aplicação

Inteligência empresarial

Vamos conferir se você conseguiu compreender o que, no que diz respeito à inteligência empresarial, deve ser acompanhado a partir das indicações da tabela a seguir.

	Atentar para:
Competidores	
Clientes	
Tecnologia	
Políticas governamentais	
Situação geopolítica	
Fatores socioeconômicos	

Agora que já esclarecemos os propósitos da inteligência empresarial e falamos sobre a necessidade do acompanhamento constante do ambiente externo, vamos entender como funciona a gestão da inteligência empresarial nas organizações.

Inteligência empresarial: da teoria à prática

O funcionamento da inteligência empresarial pode ser descrito em seis fases:

1. Gerenciamento

Definição das necessidades de informação, como obtê-las e quais as fontes confiáveis.

2. Coleta

Atividades para obter as informações julgadas relevantes na fase de gerenciamento.

3. Avaliação

Análise das informações obtidas para transformar os dados em informações gerenciais.

4. Divulgação

Distribuição das informações de acordo com seu conteúdo e as necessidades dos diferentes públicos.

5. Utilização

Incorporação das informações no planejamento e na gestão da empresa.

6. Realimentação

Adaptação e ajuste da empresa a partir das informações coletadas e incorporadas, de modo que o ambiente interno possa se ajustar às demandas do ambiente externo.

Essas fases podem ser mais bem visualizadas como um ciclo, que se retroalimenta a partir dos conhecimentos gerados pelas informações identificadas pela empresa:

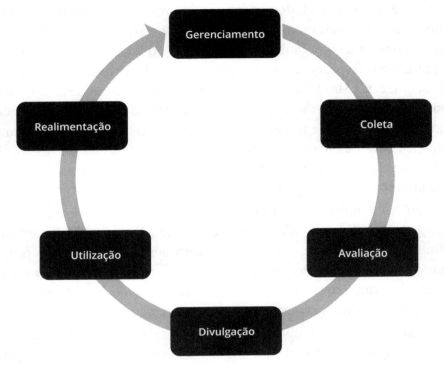

Figura 11.1 Fases para o funcionamento da inteligência empresarial

Para que se concretize, a inteligência empresarial precisa que o processo de comunicação tenha um caráter estratégico, sendo elaborado por uma equipe multidisciplinar e conduzido em interface com outras áreas da companhia. Este será o assunto de nosso próximo tópico.

Comunicação estratégica e inteligência empresarial

Antes de tudo, é preciso esclarecer uma questão sobre a comunicação nas organizações, que acreditamos que você já tenha percebido na leitura deste livro: ela não se dá no vazio, não se realiza à margem dos demais processos; ao contrário, está diretamente relacionada ao sistema de gestão e à cultura, sendo, portanto, a expressão de uma realidade concreta. Esse esclarecimento nos parece importante para compreendermos que uma comunicação estratégica é favorecida pela gestão, pela cultura e pela alocação adequada de recursos humanos, tecnológicos e financeiros.

O que temos percebido em muitas empresas é o *desejo* de uma comunicação estratégica, mas a *falta de incentivo* para tal. Ora... Dissemos que a comunicação organizacional não flui no vazio. Logo, se não há um ambiente favorável para que ela aconteça de forma estratégica, ela não acontecerá! Mas há algumas organizações que conseguiram, de fato, construir um modelo de comunicação que suporta sua estratégia, incorporando-a no fazer de todos os profissionais da empresa, e não apenas daqueles que trabalham mais diretamente com comunicação. Essas organizações compreenderam as possibilidades que um processo eficiente de comunicação pode agregar à sua estratégica.

Aqui, cabe-nos ressaltar que *estratégia* é um termo que vem do grego, *stratego*, e significa *general*. Sua acepção pode parecer estranha em um primeiro momento, mas cabe um esclarecimento importante: o termo *estratégia* surgiu no âmbito militar em momentos nos quais era preciso se planejar para o combate, relacionando-se às habilidades que o general tinha para preparar sua equipe visando ao sucesso no combate.

As áreas de Administração e Gestão de Pessoas se apropriaram desse termo, adaptando-o à realidade organizacional. Estratégia, nas organizações, relaciona-se à definição e à aplicação de recursos para atingir os fins previamente estabelecidos. Perceba que há uma relação conceitual bastante próxima entre a utilização dessa palavra no âmbito militar e no corporativo.

São muitas as teorias sobre estratégia organizacional. Talvez a de maior destaque e mais difundida seja a teoria clássica, que tem uma perspectiva mais racional de gestão e está voltada à maximização dos lucros. Acreditando que um bom planejamento possibilita a previsão de resultados, essa teoria parte do pressuposto de que o mercado e o ambiente externo são estáveis, o que justificaria sua intenção de controlar os resultados.

Mas, independentemente da teoria, parece-nos que um planejamento estratégico tem sempre um ponto de partida: a construção de uma visão de futuro. Relembremo-nos do célebre diálogo entre Alice e o gato, no clássico *Alice no país das maravilhas*:

– Eu só queria saber que caminho tomar, pergunta Alice.

– Isso depende do lugar aonde quer ir, diz o Gato tranquilamente.
– Realmente não importa, responde Alice.
– Então não importa que caminho tomar, afirma o Gato taxativo.

Perceba que construir uma visão de futuro é fundamental para que se possa elaborar uma estratégia que permita que a organização saia de seu estado atual e alcance o estado almejado. Se essa visão não é construída, "não importa que caminho tomar", como sabiamente nos explica o Gato da estória.

A comunicação pode ser um instrumento de inteligência que ajudará a empresa a ter resultados mais consistentes. Para tal, deve estar incluída nas estratégias e assumir seu papel tanto na interação com os públicos de interesse quanto no desenvolvimento de planos e ações que tragam vantagens competitivas.

Evidentemente cada organização vai estruturar seu modelo de comunicação de acordo com sua realidade, seu modelo de gestão e sua cultura, mas há algumas orientações que nos parecem válidas para todas as empresas que desejam conferir um caráter estratégico à sua comunicação, utilizando-a como ferramenta que suporte sua inteligência empresarial.

1. Entender a estratégia do negócio

Uma comunicação estratégica, com base na inteligência empresarial, deve estar vinculada à estratégia da empresa, colaborando para o atingimento dos objetivos globais do negócio. Como já dissemos, é preciso conhecer o mercado, os competidores, as perspectivas econômicas e os clientes, sejam eles reais, sejam potenciais. Também é fundamental conhecer a visão de negócio da companhia para ajudá-la a chegar ao seu estado almejado.

2. Analisar clientes e concorrência

Mais do que saber quem são os clientes e como se organiza a concorrência, é preciso conhecer seus comportamentos. Para isso, podem-se pesquisar as estratégias de marketing dos concorrentes e buscar conhecer a fundo as expectativas dos clientes com o negócio.

3. Fazer diagnóstico de marketing e comunicação

Como atingir os *stakeholders*? Como dialogar com eles? Redes sociais, novas mídias ou métodos mais tradicionais? Essas questões podem ajudar a comunicação a compreender as formas mais adequadas para se relacionar com os diferentes públicos que têm interesse no seu negócio.

4. Definir objetivos e estratégias

Com as informações oriundas das três primeiras etapas, já é possível definir objetivos e estratégias para a comunicação empresarial. A partir dessas definições, torna-se possível determinar as estratégias que darão caráter estratégico à comunicação.

5. Elaborar plano de ação

Este é o momento no qual são definidas as ações de comunicação que se relacionam com a estratégia do negócio.

6. Definir indicadores

Só podemos avaliar o sucesso daquilo que pode ser medido. É muito importante que sejam definidos os indicadores de comunicação, que ajudarão a acompanhar a efetividade dessas ações na empresa e irão orientar sobre os melhores caminhos.

7. Descrever o orçamento

Toda empresa que conta com um planejamento estratégico adequado tem controle sobre seus custos a partir da definição de seu orçamento. Sempre é preciso planejar quanto precisará ser investido para atingir os objetivos desejados, e essa máxima também é válida para a comunicação. Portanto, detalhe ao máximo os custos envolvidos e esteja sempre atento às necessidades de ajustes e adequações.

8. Criar um cronograma

Planejamento pressupõe cronograma, ou seja, detalhamento de que, quando e quem será responsável pelas ações conduzidas no âmbito da empresa. Um bom cronograma é aquele no qual as ações vão se complementando ao longo do tempo, ou seja, uma ação estrutura e abre espaço para a seguinte.

9. Colocar o plano em prática

Evidentemente não adianta fazer um ótimo planejamento, com todos os detalhes necessários, mas não conseguir colocá-lo em prática. O último, e talvez mais importante momento desse processo, é justamente quando as ações planejadas se concretizam, vinculando as ações de comunicação às estratégias do negócio.

Exercício de aplicação

Comunicação e inteligência empresarial

Será que você conseguiu compreender a importância de cada uma das etapas recomendadas para que a comunicação empresarial seja uma das ferramentas que viabilizem as ações de inteligência empresarial?

Utilize os campos abaixo para descrever, com suas palavras, cada uma das etapas mencionadas.

	Descrição
Entender a estratégia do negócio	
Analisar clientes e concorrência	
Fazer diagnóstico de marketing e comunicação	
Definir objetivos e estratégias	
Elaborar plano de ação	
Definir indicadores	
Descrever orçamento	
Criar cronograma	
Colocar o plano em prática	

Nosso intuito neste capítulo foi evidenciar como as ações de comunicação contribuem para que a inteligência empresarial se concretize.

Com este capítulo terminamos nosso livro sobre comunicação empresarial. Esperamos que tenha gostado. Que tal colocar em prática o que vimos aqui para melhorar a sua estratégia de comunicação? Boa sorte!

Estudo de caso

A PIMISOL quer melhorar cada vez mais seu modelo de gestão e optou por estruturar um trabalho que diz respeito à inteligência empresarial. Entretanto, como não é possível contratar mais uma consultoria ou especialistas para esse serviço, Carlos Augusto quer fazer esse trabalho internamente, junto com sua equipe.

Para começá-lo, algumas informações serão fundamentais:

- Propósitos da inteligência empresarial;
- Funcionamento da inteligência empresarial;
- O que monitorar?

Como os dirigentes ainda não sabem ao certo por onde começar, vamos tentar ajudá-los estabelecendo os propósitos, um modelo de funcionamento e uma definição sobre o que monitorar.

Vamos lá?

Resumo Executivo

- A comunicação empresarial é um dos pilares para a produção e gestão da inteligência empresarial nas organizações.
- Inteligência, no senso comum, está ligada à capacidade que um indivíduo tem de conhecer, compreender e aprender.
- A importância da inteligência está no fato de que ela nos torna pessoas mais críticas, capazes de relacionar informações para construir conhecimentos.

- A inteligência empresarial reside na capacidade de a organização conhecer, compreender e aprender constante e progressivamente.
- A inteligência empresarial foi concebida a partir de três propósitos: defensivo, passivo e ofensivo.
- Ambiente externo às organizações relaciona-se a competidores, clientes, tecnologia, políticas governamentais, situação geopolítica e fatores socioeconômicos.
- O funcionamento da inteligência empresarial pode ser descrito em gerenciamento, coleta, avaliação, divulgação, utilização e realimentação.
- Estratégia, nas organizações, relaciona-se à definição e aplicação de recursos para atingir os fins previamente estabelecidos.

Teste seu Conhecimento

Vamos verificar o que você aprendeu neste capítulo?

Responda às questões abaixo e, em seguida, compare com nossa proposta de resposta no término do livro.

1. Como a comunicação empresarial pode apoiar as estratégias de inteligência empresarial de uma empresa?
2. Qual a importância das noções de inteligência e inteligência empresarial nas organizações?
3. O que significa inteligência empresarial?
4. Dissemos que a inteligência empresarial deve estar atenta aos fatores externos à organização. Que fatores são esses?
5. Como funciona a inteligência empresarial?
6. Como uma organização evidencia que seu funcionamento acontece de forma estratégica?

APÊNDICE 1 – MODELOS DE CURRÍCULO

Nome
Endereço – Bairro
Telefones – *e-mail*
Nacionalidade, Naturalidade, Estado Civil, Idade

OBJETIVO

- XXXXXXXXXXX

RESUMO DA EXPERIÊNCIA PROFISSIONAL

- XXXXXXXXXXXXXXXXXX
- XXXXXXXXXXX

FORMAÇÃO ACADÊMICA / CURSOS

- Pós-Graduação em XXX – Instituição de Ensino (Período – de XX/XX a XX/XX)

- Graduação em XXX – Instituição de Ensino (Período)
- Ensino Médio em XXX – Instituição de Ensino (Período)

RESUMO DA TRAJETÓRIA PROFISSIONAL

- **Empresa XXX** Período de XX a XX/XXXX
  – Cargo:
    Principais Atividades:
    XXXXXXXXXXXXXXX

- **Empresa XXX** Período de XX a XX/XXXX
  – Cargo:
    Principais Atividades:
    XXXXXXXXXXXXXXX

INFORMAÇÕES ADICIONAIS

- XXXXXXXXXXXX
- XXXXXXXXXXXX

[Nome Completo]

[Endereço Completo]
Telefone: [Telefone com DDD] – *E-Mail*: [E-mail]
Idade: [Idade] Anos – Estado Civil: [Estado Civil]

Objetivo: [Vaga ou oportunidade pretendida]

FORMAÇÃO ACADÊMICA

-
-

EXPERIÊNCIA PROFISSIONAL

- [Período] – [Descrição contendo nome da empresa, cargo exercido e atividades]
- [Período] – [Descrição contendo nome da empresa, cargo exercido e atividades]
- [Período] – [Descrição contendo nome da empresa, cargo exercido e atividades]

QUALIFICAÇÕES E ATIVIDADES COMPLEMENTARES

- [Descrição do Curso, Qualificação ou Atividade Relevante]
- [Descrição do Curso, Qualificação ou Atividade Relevante]
- [Descrição do Curso, Qualificação ou Atividade Relevante]
- [Descrição do Curso, Qualificação ou Atividade Relevante]

INFORMAÇÕES ADICIONAIS

- [Descrição]
- [Descrição]

[Nome Completo]
[Endereço Completo]
Telefone: [Telefone com DDD], *E-mail*: [E-mail]
Idade: [Idade] anos, Estado Civil: [Estado Civil]

Objetivos
[Cargo ou oportunidade pretendida]

Formação
- [Descrição] – [Data de Conclusão] [Local]
- [Descrição] – [Data de Conclusão] [Local]

Experiência
- [Empresa]

  Cargo: [Cargo] – [Período]

  Principais responsabilidades: [Descrição sucinta das atividades exercidas]
- [Empresa]

  Cargo: [Cargo] – [Período]

  Principais responsabilidades: [Descrição sucinta das atividades exercidas]
- [Empresa]

  Cargo: [Cargo] – [Período]

  Principais responsabilidades: [Descrição sucinta das atividades exercidas]

Qualificações
- [Descrição do Curso ou Atividade Complementar Relevante]
- [Descrição do Curso ou Atividade Complementar Relevante]
- [Descrição do Curso ou Atividade Complementar Relevante]

Informações Adicionais
- [Informação Adicional Relevante]
- [Informação Adicional Relevante]

APÊNDICE 2 – TESTE SEU CONHECIMENTO: GABARITO

Capítulo 1

1. Descreva três diferentes formas de linguagem que você utiliza em seu dia a dia.

   Fala, escrita e gestos.

2. Como essas três formas de linguagem se complementam para que a comunicação se realize de forma adequada?

   As diferentes formas de linguagem contribuem para os vários processos de comunicação. Podemos pensar em uma pessoa que pede informações na rua, tendo como resposta a indicação de algum lugar para onde deve ir. Nessa situação, é bem provável que o interlocutor utilize a fala e os gestos para indicar o melhor caminho.

3. Qual o requisito mínimo para que a comunicação se concretize?

   A linguagem precisa ser compartilhada entre as pessoas envolvidas no processo.

4. Descreva, com suas palavras, o que são barreiras de comunicação. Em seguida, cite ao menos três exemplos.

De forma sucinta, chamamos de barreiras de comunicação as falhas ocorridas ao longo do processo comunicativo. Poderíamos citar como exemplo a distração, a confusão e a defensividade.

5. Descreva duas formas de contornar as barreiras e assegurar que a comunicação se realize de forma adequada.

   Como dissemos ao longo do capítulo, para contornar as barreiras de comunicação, pode-se utilizar linguagem mais apropriada às circunstâncias, ser mais preciso, utilizar diferentes canais comunicativos, fazer uso da escuta ativa e ser empático.

Capítulo 2

1. O que é comunicação empresarial?

   É uma atividade sistêmica, de caráter estratégico, ligada aos mais altos escalões da empresa e que tem como objetivo criar (onde ainda não existir), manter (onde já existir) ou melhorar a imagem da empresa junto a seu público prioritário. Considera todo o processo de relacionamento da organização com seu público de interesse, também conhecido como *stakeholders*.

2. Quem são os *stakeholders* internos de uma organização?

   Os *stakeholders* internos são pessoas ou entidades mais próximas à organização e incluem os seus proprietários, os empregados e gestores.

3. Quem são os *stakeholders* externos de uma organização?

   Os *stakeholders* externos incluem clientes, fornecedores, credores, governo e outras pessoas ou entidades externas à organização, mas que nela possuem algum tipo de interesse e que de alguma forma a possam influenciar.

4. Apenas empresas podem utilizar a comunicação empresarial. Verdadeiro ou falso? Justifique.

   Falso. Todos os tipos de organização (empresas, governo e ONGs) podem utilizar a comunicação empresarial para otimizar o atingimento de seus objetivos estratégicos.

5. A comunicação empresarial abrange só atividades de relações públicas. Verdadeiro ou falso? Justifique.

   Falso. A comunicação empresarial inclui atividades ligadas à Assessoria de Imprensa (AI), às Relações Públicas (RP), ao Marketing (social, comunitário, cultural, esportivo etc.) e que têm profunda interação com as demais áreas de uma empresa ou organização (planejamento, novos negócios, finanças, recursos humanos etc.). Considera tanto a vertente institucional como a mercadológica.

6. Por que comunicação institucional não é sinônimo de comunicação corporativa, empresarial ou organizacional?

   Porque não considera o aspecto mercadológico.

7. Qual empresa é uma das pioneiras em comunicação corporativa?

   A General Electric (GE) é considerada uma das pioneiras em Comunicação Corporativa, tendo promovido uma série de debates entre os executivos da empresa e os intelectuais da época e divulgado o que a cúpula da empresa estava pensando.

8. Quando começou a comunicação empresarial no Brasil?

   Apesar de ter havido uma iniciativa na prática de Relações Públicas na década de 1940, foi na de 1950 que o Brasil conheceu os trabalhos de Relações Públicas e de Comunicação Empresarial, atividades que foram motivadas pela instalação de indústrias e das agências de publicidade vindas dos Estados Unidos.

9. O que é a Aberje?

   É a Associação Brasileira dos Editores de Revistas e Jornais de Empresas. Em 1987, a entidade passou a ser conhecida como Associação Brasileira de Comunicação Empresarial, uma adaptação às exigências do mercado e à evolução que as empresas por ela representadas experimentaram nos últimos anos.

Capítulo 3

1. O que é cultura organizacional?

Schein (1985) define cultura organizacional como o conjunto de pressupostos básicos inventados, descobertos ou desenvolvidos por determinado grupo ao aprender a lidar com problemas de adaptação externa e de integração interna que funcionaram de forma adequada e que foram ensinados aos novos membros como a forma correta de perceber, pensar e se comportar diante desses problemas.

2. Cite e explique os níveis que explicam a cultura organizacional.

    A cultura pode ser compreendida em três níveis:
    - Artefatos: nível mais superficial e perceptível. São os aspectos visíveis, tais como organograma, arquitetura física, políticas e diretrizes, documentos públicos, rituais de integração, padrões de comportamento e vestuário das pessoas;
    - Valores compartilhados: definem a razão pela qual as coisas são feitas. São difíceis de observar diretamente e podem ser compreendidos por meio de conversas ou análise de documentos formais da organização. Costumam representar os valores manifestos da cultura, fruto de idealizações ou racionalizações;
    - Pressuposições básicas ou inconscientes: representam o nível mais profundo e oculto da cultura; são as crenças inconscientes, as percepções e os sentimentos; são as regras não escritas.

3. Assinale com V (verdadeiro) ou F (falso). A cultura é retratada:

    ( ) Na missão

    ( ) Na visão

    ( ) Nos valores

    ( ) Nos objetivos

    ( ) Nos estilos de gestão

    ( ) Na forma de comunicação

    ( ) Na tomada de decisão

    ( ) Na delegação de poder

    ( ) Na história da organização

    Resposta: Todos os itens são verdadeiros.

4. Qual a importância da comunicação interna para disseminar a missão, a visão e os valores da organização?

A comunicação interna, na organização, é fundamental para disseminar a missão, a visão e os valores da organização para todos os seus colaboradores. Os funcionários podem aprender a cultura por meio de estórias, rituais, símbolos materiais e linguagem.

5. O que são ritos ou rituais e qual sua relação com a comunicação?

Ritos ou rituais são cerimônias que envolvem desde comemorações (aniversariantes do mês, final do ano, atingimento de metas, entre outras) até ações como a integração de novos colaboradores; são bastante específicos e variam de empresa para empresa e permitem que compreendamos melhor a forma de pensar e agir dos integrantes de uma dada organização. Rituais e ritos são um conjunto de atividades cuidadosamente planejadas e executadas, com um começo e um término bem demarcados e papéis bem definidos, que são repetidas várias vezes. Eles são importantes porque comunicam como as pessoas devem se comportar nas organizações e quais padrões são aceitáveis ou inaceitáveis, exercem uma influência visível, aproximando pessoas, reduzindo conflitos e criando novas visões e valores.

6. O que são estórias e mitos?

As estórias e mitos são contos sobre os fatos que ocorreram e ocorrem na organização, podendo ser verdadeiros ou não. Normalmente, as estórias têm como base fatos reais e indicam como os problemas devem ser resolvidos e a forma como as decisões devem ser tomadas. Já os mitos não costumam ter sustentação em algum fato anterior.

7. O que são os heróis no contexto da cultura organizacional?

São pessoas que fizeram ou fazem parte da organização representando coragem, força e/ou determinação, servindo como exemplo de comportamento em determinada organização; são bastante frequentes. São modelos de papéis que personificam o sistema de valores culturais e que definem o conceito de sucesso na organização, estabelecendo um padrão de desempenho.

8. O que é clima organizacional?

   O clima pode ser entendido como a percepção da atmosfera da organização e impacta a satisfação com o trabalho, as interações entre os grupos e até mesmo os comportamentos que exprimem afastamento dos empregados do ambiente de trabalho (absenteísmo, rotatividade, entre outros).

9. Qual a relação entre cultura organizacional e clima?

   A cultura se refere a normas e valores organizacionais, enquanto o clima é uma descrição das condições de trabalho de uma organização. A cultura organizacional é uma das principais causas do clima: a cultura é a causa e o clima é a consequência, sendo os dois, portanto, fenômenos complementares.

10. O clima organizacional é mais instável e mutável que a cultura de uma dada organização. Essa afirmação é verdadeira ou falsa? Justifique.

    Verdadeira. O clima é instável e refere-se ao nível de satisfação dos funcionários em um dado momento, enquanto a cultura decorre de práticas estabelecidas ao longo do tempo, sendo mais duradoura.

Capítulo 4

1. Quais as diferenças entre comunicação interna e comunicação externa?

   Comunicação interna é o processo que visa garantir o alinhamento do público interno de uma organização, enquanto a comunicação externa tem por objetivo informar o público externo e cuidar da imagem da empresa.

2. Descreva como os processos de comunicação interna e externa se complementam, potencializando a imagem de uma organização de forma positiva ou negativa.

   A comunicação interna preocupa-se com as ações de relacionamento interno, campanhas de comunicação ou canais de comunicação cotidiana no âmbito da empresa. A comunicação externa é responsável pelas relações com consumidores, com outras empresas, ações socioculturais, contato com a imprensa e relações com poder público.

A relação das duas permite que a empresa mantenha estratégias de comunicação eficientes.

3. Quais as principais responsabilidades da comunicação interna?

   Todas as ações de comunicação que acontecem no âmbito da empresa, incluindo todos os *stakeholders*.

4. Imagine uma empresa de qualquer segmento e descreva um processo eficiente de comunicação externa.

   Resposta livre.

5. Quais aspectos podem aumentar a credibilidade de uma organização?

   Entendendo a credibilidade como a qualidade que uma organização tem de ser confiável, todas as ações que demonstrem transparência, tanto com colaboradores como com o público externo.

Capítulo 5

1. O que são tecnologias de informação e comunicação?

   São os aparatos tecnológicos que possibilitam trocas de informações e comunicação de forma mais ágil e dinâmica.

2. Com base no texto deste capítulo, como você descreveria a cultura digital?

   Cultura digital é um conceito que busca retratar nossa sociedade, imersa em tecnologias de informação e comunicação.

3. Quais os benefícios trazidos pelas tecnologias digitais para os processos de comunicação interna e externa? Descreva aqueles que julgar mais relevantes.

   São inúmeros os benefícios trazidos pelas tecnologias digitais às comunicações interna e externa. No que diz respeito à comunicação interna, destacamos: a criação de canais de comunicação oficial, a disseminação de cultura, a otimização de tempo, o incentivo ao comportamento colaborativo e a melhoria no clima organizacional. Para a comunicação externa, vale lembrar: melhor comunicação institucional, facilidade na relação com consumidores, melhoria na relação com a imprensa.

4. A velocidade que a era digital imprime aos processos organizacionais tem aspectos positivos e negativos. Cite três aspectos negativos, apontando possibilidades para contorná-los.

Entre os aspectos negativos trazidos pela era digital para as organizações, destacamos: esquecimento de aspectos importantes das tarefas, a execução de trabalhos superficiais e a impulsividade. Para contorná-los, é necessário observar os fatores geradores desses comportamentos. Por exemplo, se um funcionário habitualmente esquece aspectos importantes de sua tarefa, pode solicitar que um colega o ajude conferindo seu trabalho final, por exemplo. Outras atitudes podem ser tomadas para evitar que a velocidade da era digital comprometa a qualidade dos trabalhos apresentados.

5. Você acredita que a era digital nos traz a sensação de estarmos sempre conectados? Qual a importância de as organizações estarem atentas a esse aspecto?

Nós acreditamos que essa sensação é real. Temos a impressão de que nós e nossos companheiros de trabalho estamos constantemente conectados. É importante que a organização perceba esse aspecto e o considere nas suas negociações com seus profissionais, apoiando-os a manter suas vidas pessoal e profissional em equilíbrio.

Capítulo 6

1. O que é liderança e qual é o papel da comunicação nesse processo?

Liderança é o processo de exercer influência sobre uma pessoa ou um grupo de pessoas a fim de conseguir a realização de um objetivo em determinada situação. A capacidade que um indivíduo possui de influenciar alguém ou um grupo de pessoas significa uma força psicológica, em que um age de modo a modificar o comportamento de outro de modo intencional. Essa influência envolve poder e autoridade, alterando assim o modo de agir do influenciado.

A forma de o líder perceber o comportamento de seus liderados e da situação, bem como sua atenção aos aspectos verbais e não verbais do processo, impacta na forma dele de atuar em cada ocasião.

2. Considerando as três abordagens de liderança apresentadas (traços, comportamental e situacional), com qual delas você mais se identifica? Qual a importância da comunicação na abordagem escolhida?

   Resposta livre.

3. Defina o que é a tomada de decisão.

   É o processo cognitivo de escolher um plano de ação, dentre várias alternativas possíveis, para uma situação-problema. Todo processo decisório produz uma escolha final.

4. Quais são as principais etapas do processo de tomada de decisão?
   - Percepção da situação;
   - Análise e definição do problema;
   - Definição dos objetivos;
   - Procura, avaliação e comparação de alternativas;
   - Escolha da alternativa mais adequada;
   - Implementação.

5. Que elementos, entre os abaixo indicados, devem ser considerados para melhor entender o processo de tomada de decisão?

   ( ) Tomador de decisão ( ) Objetivos
   ( ) Preferências ( ) Estratégias
   ( ) Situação ( ) Resultado

   Resposta: Todos os itens indicados devem ser considerados.

6. Aquele que toma a decisão, ou seja, o tomador de decisão, é neutro no processo de tomada de decisão. Tanto faz quem toma a decisão, ela sempre será a mesma, desde que a base informacional seja igual. Essa afirmação é verdadeira ou falsa? Justifique.

   Falsa. Aquele que toma a decisão não é neutro no processo, ou seja, diversos aspectos influenciam seu modo de perceber e interpretar a situação, tais como: aspectos afetivos e cognitivos, personalidade, motivação e raciocínio, para citar apenas alguns.

7. Por que as pessoas e organizações buscam, em geral, a solução satisfatória?

   As pessoas e a organização buscam, em geral, a solução satisfatória, não a solução ótima, visto que o tomador de decisão não possui todas as informações que seriam necessárias para tomar uma decisão ótima.

8. Qual a importância da comunicação no processo de tomada de decisão?

   A estrutura dos canais de informação exerce grande influência sobre os processos decisórios. É o chamado modelo de racionalidade limitada (ou modelo Carnegie), que reconhece a limitação do ser humano em ter acesso e processar cognitivamente todas as opções, bem como a impossibilidade material de obter todas as informações e os dados (custo e tempo), pressões afetivas, culturais e jogos de poder. A tomada de decisão nas organizações requer informações capazes de reduzir a incerteza. A informação é necessária para estruturar uma situação de escolha, em que limites são traçados para delimitar o espaço problemático no qual as soluções serão buscadas, os participantes serão identificados e acionados e as influências serão exercidas. Todas as organizações têm necessidades informacionais, precisam tomar decisões e, para isso, processam informações.

9. O que são decisões programadas e não programadas? Qual delas exige uma maior quantidade de informações?

   As chamadas decisões programadas são mais rotineiras, com procedimentos e normas já elaborados para sua execução; e as decisões não programadas, que são pouco estruturadas, cheias de novidade, relevantes e de natureza complexa. Não existe um método predeterminado para lidar com elas.

   Tanto as decisões programadas como as não programadas dependem de informações para que possam ser tomadas. Quanto melhor for o processo de comunicação, maior será a qualidade da decisão.

   As decisões não programadas costumam demandar uma quantidade maior de novas informações, visto que são novas, desconhecidas para a organização e/ou para o tomador de decisão.

10. A tecnologia impacta, de alguma forma, a tomada de decisão em uma organização? Explique.

A tecnologia exerce um papel essencial tanto na comunicação e no armazenamento dos dados, das informações e dos conhecimentos como na integração dos tomadores de decisão. Exerce também um importante papel no compartilhamento do conhecimento.

A tecnologia permite que, em qualquer parte do mundo, o tomador de decisão acesse a experiência passada de outras pessoas e aprenda com ela. A troca de informações e de conhecimentos e sua qualidade e rapidez estão no coração do sucesso das organizações. Quanto maior a capacidade das tecnologias da informação e da comunicação, maior a capacidade de inter-relacionamentos e de aprender e lucrar com o compartilhamento da informação e do conhecimento.

Capítulo 7

1. O que é marketing pessoal?

   O marketing pessoal significa compreender a imagem que você projeta no mundo, permitindo que verifique se está ou não adequada aos seus objetivos.

2. Como está seu marketing pessoal?

   Resposta livre. Caso você ainda não tenha desenvolvido um plano de marketing pessoal, aproveite o conteúdo deste capítulo para fazer isso.

3. Dos itens apresentados neste capítulo (conteúdo, atitude, imagem e visibilidade), qual (ou quais) você acha mais importante(s) considerar em seu programa de marketing pessoal em curto prazo? Que ações pode fazer para isso?

   Resposta livre.

4. O que é *networking*?

   É a capacidade de estabelecer uma rede de contatos ou uma conexão com algo ou com alguém. Indica uma atitude de procura de contatos com a possibilidade de conseguir subir na carreira com uma intenção de reciprocidade.

5. O *networking* pressupõe habilidade no relacionamento interpessoal. Verdadeiro ou falso? Justifique.

   Verdadeiro. *Networking* não é apenas conseguir novos contatos, mas também saber manter os contatos que já fez no passado. Depende muito da aptidão social de alguém. Para construir uma boa rede de contatos é preciso ser eficiente no âmbito dos relacionamentos interpessoais.

6. Qual a sua opinião sobre a frase: ".... é importante desenvolver e manter uma imagem positiva. Apresentar uma conduta clara e ética, desenvolver um bom relacionamento interpessoal com todos e saber se portar em diversas situações fazem com que se adquira credibilidade com as pessoas. No entanto, é fundamental que a imagem que se transmite seja coerente com os atos que se pratica. Toda pessoa, profissional ou não, cria uma marca pessoal, uma vez que tudo o que fazemos é percebido pelas pessoas"?

   Resposta livre.

7. O que é a Matriz SWOT?

   É um instrumento que pode ser utilizado para a realização do planejamento estratégico. Ressalta a importância de recolher dados relativos tanto ao ambiente interno (forças e fraquezas) quanto externo (oportunidades e ameaças) da empresa a fim de que a estratégia possa ser planejada considerando um cenário mais amplo. Também pode ser utilizada considerando que cada um é uma empresa.

   As forças (*strengths*) são as vantagens internas da organização em relação às concorrentes, e as fraquezas (*weaknesses*) são as desvantagens internas da organização em relação aos concorrentes. As oportunidades (*opportunities*) são aspectos externos positivos que podem potencializar a vantagem competitiva da empresa. Já as ameaças (*threats*) são aspectos externos negativos que podem colocar em risco a vantagem competitiva da empresa.

8. Em relação à sua profissão, hoje existem mais oportunidades ou ameaças? Justifique.

   Resposta livre.

Capítulo 8

1. Você acredita que a produção e a recepção de textos podem ser gerenciadas em uma organização? Justifique sua resposta com base na leitura deste capítulo.

    Sim. A produção e a recepção de textos orais e escritos podem ser gerenciadas em uma organização, assim como todos os outros elementos que a compõem.

2. Quantas e quais são as etapas de produção de um texto?

    A produção de um texto no cenário corporativo segue, basicamente, três etapas: intertextual, contextual e textual.

3. O que é recepção textual e como ela acontece?

    Recepção textual é a relação que se estabelece entre o texto e seu receptor. Ela acontece quando este atribui ativamente um significado à comunicação transmitida.

Capítulo 9

1. O que é o currículo e qual a sua importância?

    O currículo é a primeira forma de comunicação entre uma pessoa e uma organização em que pretende atuar. É um documento formal que deve ser redigido com cuidado e atenção. O currículo é a comunicação que irá abrir – ou não – as portas da organização para você.

2. Que informações básicas um currículo deve ter?
    - Dados Pessoais
    - Objetivo Profissional
    - Formação Acadêmica
    - Cursos/Treinamentos
    - Idiomas/Informática
    - Histórico Profissional

3. O que é um processo seletivo e qual a importância da comunicação no processo?

   A seleção é a forma como a empresa escolhe, dentre vários candidatos, aqueles que irão ingressar na organização. É uma atividade de comparação, escolha e de decisão, em que se procuram candidatos para ocuparem as vagas disponíveis. A seleção é o meio pelo qual a organização busca satisfazer suas necessidades de profissionais, identificando as pessoas mais qualificadas para preencher determinado cargo. A capacidade do candidato de se comunicar será fundamental na determinação daquele que será escolhido ao final da seleção.

4. O que são cartas comerciais e qual sua importância?

   A carta comercial é um meio de comunicação muito usado na indústria e no comércio. É importante porque pode servir como fechamento de negócios, criar uma imagem positiva da empresa ou ainda como um meio de propagação de propaganda, lançamento de produtos e serviços.

5. Como deve ser a linguagem utilizada nas cartas comerciais?

   A linguagem deve ser clara, simples, objetiva e correta a fim de atender à sua função, que é informar, persuadir e solicitar informações.

6. O que é uma ata?

   É um documento formal que registra um resumo por escrito de fatos e soluções a que chegaram as pessoas convocadas a participar de uma assembleia, sessão ou reunião. Serve como documento para consulta posterior, tendo em alguns casos caráter obrigatório pela legislação.

7. O que é netiqueta e qual sua importância?

   A netiqueta é um código de conduta na *web* que dá orientações diversas sobre a forma com que as comunicações devem ser registradas.

8. Indique e explique duas regras da netiqueta que considera as mais importantes.

   Resposta livre.

9. Quando estiver escrevendo um *e-mail* é possível usar e abusar da utilização das letras maiúsculas. Verdadeiro ou falso? Justifique.

Falso. Você deve evitar escrever em letras maiúsculas: quando for escrever uma mensagem (seja um *e-mail* profissional ou uma conversa em rede social), evite fazê-lo utilizando letras maiúsculas, pois elas acabam sendo usadas como "grito". Uma mensagem inteira pode denotar outro sentido, mesmo sem querer. Também é interessante escrever seus textos de forma clara e objetiva.

Capítulo 10

1. Como você se sente ao falar em público? É uma habilidade que já tem ou que não receia desenvolver?

   Resposta livre.

2. Cite três aspectos da comunicação verbal e três da não verbal com os quais deve preocupar-se no momento de realizar uma apresentação.

   Verbal
   - Voz e fala
   - Respiração
   - Tom da voz
   - Velocidade
   - Expressividade da fala
   - Vocabulário

   Não Verbal
   - Expressão corporal
   - Mãos e pernas
   - Comunicação do semblante
   - Contato visual
   - Postura

3. Quais são os sete passos que sugerimos que devem ser dados para preparar uma boa apresentação?

   Estabelecer objetivos, analisar seu público, preparar um plano de apresentação, selecionar material de apoio, organizar o material, praticar e preparar um plano de apoio.

4. Considerando os sete passos que identificou acima, qual deles você acha que merece uma maior atenção e por quê?

   Resposta livre.

5. Assinale com verdadeiro os itens que devem ser considerados antes de iniciar a preparação de uma apresentação:

   ( ) Tempo disponível

   ( ) Acesso à internet

   ( ) Tipo de iluminação e de ventilação do local da apresentação.

   ( ) Se possui quadro branco. Há um computador disponível? E *datashow*? Caixas de som?

   ( ) Organização das cadeiras no local da apresentação

   ( ) Se existe microfone

   Todos os itens devem ser considerados, ou seja, todos são V.

6. Qual a importância da análise do público antes da preparação de uma apresentação?

   Não existem apresentações boas por si mesmas, ou seja, que sejam adequadas para qualquer ocasião. Cada uma é única, e parte considerável dessa especificidade depende das características da audiência. Aspectos como faixa etária, gênero, escolaridade, nível de renda e de conhecimento entre os integrantes da plateia devem ser considerados.

7. O que é o plano de apresentação e qual a importância dele na preparação de uma boa apresentação?

   O plano de apresentação é um esquema, um roteiro que detalha a ordem dos assuntos que serão abordados, o material necessário (caso tenha algum) e o tempo que cada tópico ou conjunto de tópicos deve durar. O esquema pode ser uma simples tabela em um editor de texto até uma planilha, que faz o recálculo automático do tempo, caso haja algum imprevisto e alterações se façam necessárias. É fundamental para melhor estruturar suas ideias e organizar seu pensamento.

8. Que itens podem ser considerados material de apoio de uma apresentação?

   Alguns exemplos de materiais de apoio bastante utilizados: textos, vídeos, *slides*, exercícios, músicas e jogos.

9. Que cuidados devem ser tomados ao se prepararem os *slides* que irão compor a apresentação?

    - Fonte do texto e fundo do *slide*: a fonte deve ser grande o suficiente para que possa ser lida, e o fundo do *slide* não deve chamar mais atenção do leitor do que o conteúdo apresentado;
    - Quantidade de texto em cada *slide*: o *slide* não deve conter muito texto, deve ser um guia para sua apresentação;
    - Imagens: é sempre indicado preparar *slides* com imagens, gráficos, esquemas e fluxogramas, que devem ilustrar o conteúdo da fala do apresentador.

10. O que você achou da sugestão de praticar a apresentação antes de ela ser realizada?

    Resposta livre.

Capítulo 11

1. Como a comunicação pode apoiar as estratégias de inteligência empresarial de uma empresa?

    A comunicação é um dos elementos que podem apoiar a inteligência empresarial. Para isso, ela deve ser planejada como um dos componentes estratégicos da organização, considerando o ambiente no qual o negócio se insere.

2. Qual a importância das noções de inteligência e inteligência empresarial nas organizações?

    Inteligência é a capacidade que um indivíduo tem de conhecer, compreender e aprender. Assim como nos indivíduos, as empresas também têm a possibilidade de conhecer, compreender e aprender, tornando seus negócios mais promissores e com mais chances de sucesso.

3. O que significa inteligência empresarial?

    Segundo Haeckel e Nolan (1993), inteligência empresarial é a habilidade que uma organização tem de lidar com a complexidade do ambiente externo, compreendendo as questões que possam afetar os negócios de forma positiva ou negativa.

4. Dissemos que a inteligência empresarial deve estar atenta aos fatores externos à organização. Que fatores são esses?

   A inteligência empresarial deve estar atenta a: competidores, clientes, tecnologia, políticas governamentais, situação geopolítica e fatores socioeconômicos.

5. Como funciona a inteligência empresarial?

   A inteligência empresarial se concretiza a partir de seis etapas. São elas: gerenciamento, coleta, avaliação, divulgação, utilização e realimentação.

6. Como uma organização evidencia que seu planejamento acontece de forma estratégica?

   Quando seus recursos são definidos e aplicados para atingir fins previamente planejados.

REFERÊNCIAS

AMARAL, Cláudio. **A história da comunicação empresarial no Brasil**. São Paulo, 1999. Disponível em: <http://www.portal-rp.com.br/bibliotecavirtual/relacoespublicas/memoria/0095.htm>. Acesso em: nov. 2015

BAHIA, Juarez. **Introdução à comunicação empresarial**. Rio de Janeiro: Murad, 1995.

BECHARA, Evanildo. **Lições de português**. Rio de Janeiro: Fundo de Cultura, 1961.

BLAKE, Robert R.; MOUTON, Jane S. **A estruturação de uma empresa dinâmica através do desenvolvimento organizacional do tipo Grid**. São Paulo: Edgard Blucher, 1976.

_____. **O grid gerencial III**. São Paulo: Pioneira, 1989.

_____. **The managerial grid**. Houston: Gulf, 1964.

BOWDITCH, J. L; BUONO, A. F. **Elementos de comportamento organizacional**. São Paulo: Pioneira, 1992.

BUENO, Wilson da Costa. A comunicação empresarial estratégica: definindo os contornos de um conceito. **Comunicação e Cultura**, Caxias do Sul: UCS, v. 4, n. 7, p. 11-20, jan./jun. 2005.

_____. **Comunicação empresarial**: políticas e estratégias. 2. ed. São Paulo: Saraiva, 2009.

CARDOSO, Cláudio (Org.). **Comunicação organizacional**: novas tecnologias, novas perspectivas. Salvador: UniBahia, 2002.

CASTELLS, Manuel. **A sociedade em rede**. São Paulo: Paz e Terra, 2011. v. 1.

CHANLAT, Jean François. **O indivíduo na organização**: dimensões esquecidas. São Paulo: Atlas, 1996.

CUNHA, Celso. **Manual de português**. Rio de Janeiro: Editora São José, 1964.

CURVELLO, João José. **Comunicação interna e cultura organizacional**. São Paulo: Scortecci, 2002.

DEAL, Terrence E.; KENNEDY, Allan. **Corporate cultures**: the rites and rituals of corporate life. Cambridge, Massachusetts: Basic Book, 2000.

DEGENT, Ronald. A importância estratégica e o funcionamento do serviço de inteligência empresarial. **Rev. Adm. Empres.**, São Paulo, v. 26, n. 1, jan./mar. 1986.

ECO, Umberto. **Interpretação e superinterpretação**. São Paulo: Martins Fontes, 2001.

FAVEIRO, Helena. **Identidade e imagem organizacional**. Lisboa: Universidade Lusíada Editora, 2004.

FERREIRA, Patricia I. **Atração e seleção de talentos**. Rio de Janeiro: GEN/LTC, 2014.

_____. **Clima organizacional e qualidade de vida no trabalho**. Rio de Janeiro: GEN/LTC, 2013.

_____. **Gestão por competências**. Rio de Janeiro: GEN/LTC, 2015.

FLEURY, Maria Tereza Leme; FISCHER, Rosa Maria. **Cultura e poder nas organizações**. 2. ed. São Paulo: Atlas, 2006.

FREIRE, Paulo. **A importância do ato de ler**. 26. ed. São Paulo: Cortez, 1991.

FREITAS, Alexandre Borges de. Traços brasileiros para uma análise organizacional. In: MOTTA, Fernando C. Prestes (Org.). **Cultura organizacional e cultura brasileira**. São Paulo: Atlas, 1997.

GARCIA, Othon Moacir. **Comunicação em prosa moderna**. 25. ed. Rio de Janeiro: Editora FGV, 2006.

HAECKEL, Stephan; NOLAN, Richard. Managing by wire. **Harvard Business Review**, n. 71, p. 122-132, Sept./Oct. 1993.

HERSEY, Paul; BLANCHARD, Kenneth. **Psicologia para administradores**: a teoria e as técnicas da liderança situacional. São Paulo: E.P.U., 1986.

HOFSTEDE, Geert. **Culturas e organizações**: compreender a nossa programação mental. Lisboa: Sílabo, 1997.

ISER, Wolfgang. A interação do texto com o leitor. In: COSTA LIMA, Luiz (Org.). **A literatura e o leitor**: textos de estética da recepção. Rio de Janeiro: Paz e Terra, 1979.

JAKOBSON, Roman. **Linguística e comunicação**. São Paulo: Cultrix, 1974.

KUNSCH, Margarida M. K. **Relações públicas**: história, teorias e estratégias nas organizações contemporâneas. São Paulo: Saraiva, 2008.

LEMOS, André. **Cibercultura**: alguns pontos para compreender nossa época. In: LEMOS, André (Org.). **Olhares sobre a cibercultura**. Porto Alegre: Sulina, 2003.

LÉVY, Pierre. **O que é virtual?** São Paulo: Editora 34, 1996.

LYLES, Marjorie A.; SCHWENK, Charles R. Top management, strategy and organizational knowledge structures. **Journal of Management Studies**, [s.l.], v. 29, n. 2, p. 155-174, March 1992.

MARCH, J. G.; SIMON, H. A. **Organizations**. New York: John Wiley and Sons, 1958.

MATOS, Gustavo Gomes. **Comunicação empresarial sem complicação**: como facilitar a comunicação na empresa, pela via da cultura e do diálogo. São Paulo: Manole, 2009.

MOSCOVICI, Fela. **Desenvolvimento interpessoal**: treinamento em grupos. 10. ed. Rio de Janeiro: José Olympio, 2001.

MOTTA, Paulo Roberto. **A ciência e a arte de ser dirigente**. Rio de Janeiro: Record, 2000.

PARRY, John. **Psicologia da comunicação humana**. Tradução Octavio Mendes Cajado. São Paulo: Cultrix, 1976.

PIMENTA, Maria Alzira. **Comunicação empresarial**. 3. ed. Campinas: Alínea, 2002.

RAMAL, Andrea Cecília. **Educação na cibercultura**. Porto Alegre: Artmed, 2002.

RIZZATTI, Gerson. **Análise de fatores significativos do clima organizacional da UFSC**: contribuição para implantação do programa de qualidade. 1995. Dissertação (Mestrado em Administração) – Programa de Pós-Graduação em Administração, Universidade Federal de Santa Catarina, Florianópolis.

RIZZATTI, Gerson. **Categorias de análise de clima organizacional em universidades federais**. 2002. Tese (Doutorado em Engenharia de Produção) – Programa de Pós-Graduação em Engenharia de Produção e Sistemas. Universidade Federal de Santa Catarina, Florianópolis.

ROBBINS, Stephen P. **Comportamento organizacional**. 11. ed. São Paulo: Pearson Prentice Hall, 2005.

RUSHKOFF, Douglas. **Present shock**: when everything happens now. Manhattan: Current, 2013.

SACCONI, Luiz Antonio. **Nossa gramática completa Sacconi**: teoria e prática. 29. ed. São Paulo: Nova Geração, 2008.

SCHEIN, E. **Guia de sobrevivência da cultura corporativa**. Rio de Janeiro: José Olympio, 1999.

_____. **Organizational culture and leadership**. San Francisco: Jossey-Bass, 1985.

SIMON, Herbert A. **A capacidade de decisão e liderança**. Rio de Janeiro: Fundo de Cultura, 1963.

_____. **Comportamento administrativo**: estudos dos processos decisórios das organizações administrativas. Rio de Janeiro: Usaid, 1965.

SOUZA, Luiz Marques de; CARVALHO, Sérgio Waldeck de. **Compreensão e produção de textos**. Petrópolis: Vozes, 2010.

STONER, James A. F.; FREEMAN, R. Edward; GILBERT, Daniel R. **Management**. Prentice Hall International, 1995.

TAVARES, Mauricio. **Comunicação empresarial e planos de comunicação**. 3. ed. São Paulo: Atlas, 2010.

TORQUATO, Gaudêncio. **Tratado de comunicação organizacional e política**. São Paulo: Thomson Brasil, 2002.

VERGARA, Sylvia C. Sobre a intuição na tomada de decisão. **Revista de Administração Pública**, Rio de Janeiro. v. 27, n. 2, p. 130-157, abr./jun. 1993.

Impressão e Acabamento: